Kleine Geschichte der
Stadt Speyer

Kleine Geschichte
der Stadt
Speyer

Hans Ammerich

G. Braun Buchverlag

Erschienen in der gemeinsamen Reihe des DRW-Verlags und
des G. Braun Buchverlags:
»Regionalgeschichte – fundiert und kompakt«

G. BRAUN BUCHVERLAG
Karlsruhe
www.gbraun-buchverlag.de

Einbandabbildung: Ausschnitt aus dem Klüpfelsauplan, aquarellierte Federzeichnung eines unbekannten Künstlers, 1574. – Der Plan, der eine Ansicht der Stadt Speyer mit der Vorstadt über Hasenpfuhl zeigt, war eine Anlage zu Prozessakten an das Reichskammergericht um strittiges Gelände auf der Klüpfelsau, einer Insel in der Rheinaue, zwischen dem Speyerer Bischof und der Stadt. Der gewählte Ausschnitt zeigt den Speyerer Dom von Süden zwischen Zimmerleuteturm und Heidentürmchen.

© 1. Auflage 2008 DRW-Verlag Weinbrenner GmbH & Co. KG,
Leinfelden-Echterdingen
Lektorat: Isabella Eder
Satz: post scriptum, www.post-scriptum.biz
Druck: Offizin Chr. Scheufele, Stuttgart

Das Werk einschließlich aller seiner Teile ist urheberrechtlich geschützt. Jede Verwertung außerhalb der engen Grenzen des Urheberrechtsgesetzes (auch Fotokopie, Mikroverfilmung und Übersetzung) ist ohne Zustimmung des Verlags unzulässig und strafbar. Dies gilt auch ausdrücklich für die Einspeicherung und Verarbeitung in elektronischen Systemen jeder Art und von jedem Betreiber.

ISBN 978-3-7650-8367-9

Inhaltsverzeichnis

Vorwort 7

Die Bischofsstadt 12
Römische Anfänge – Zentrum früher Kirchenorganisation – Frühmittelalterlicher Bischofssitz – Bau des Doms – Ausbildung städtischer Strukturen – Die jüdische Gemeinde

Auf dem Weg zur Reichsstadt 47
Auseinandersetzungen zwischen Bischof und Stadt – Die Konflikte verschärfen sich ... – ... und bleiben weiter bestehen – *palatium episcopi* – Handel und Gewerbe im späten Mittelalter

Im Zeichen der Glaubenskämpfe 64
Die Reichstage – Eine neue Lehre – Die Erneuerung des katholischen Glaubens – Drei Konfessionen in der Stadt – Das Reichskammergericht – Das Stadtbild des späten Mittelalters und der Frühen Neuzeit

Im Zeitalter der großen Kriege und Zerstörungen 89
Dreißigjähriger Krieg – Die Katastrophe des Pfälzischen Erbfolgekriegs – Eine Barockstadt entsteht – Unter französischem Regiment

Bayerische Kreishauptstadt 114
Eine neue Bedeutung – Bauboom – Mittelpunkt der Pfalz – Ausbau der Verkehrsverbindungen – Moderne Stadtquartiere – Zwischen den Weltkriegen

Unter dem Hakenkreuz 148
Die nationalsozialistische Ära – Die jüdische Gemeinde

Nach dem Zweiten Weltkrieg   155

Neuanfang – Schul- und Bildungszentrum der Pfalz – Städtebauliche Akzente – Behörden und Militär – Wirtschaftsstandort – Bedeutende Ereignisse – Soziales und Sport

Ausblick: Perspektiven für die Zukunft   174

Zeittafel zur Geschichte der Stadt Speyer   175

Literaturauswahl   183

Bürgermeister der Stadt Speyer   185

Abbildungsnachweis   187

Vorwort

Speyer erhält durch zwei Baudenkmäler des Mittelalters sein charakteristisches Erscheinungsbild: durch den Dom und durch das Altpörtel. Diese beiden übrig gebliebenen Zeugnisse der großen Vergangenheit der Stadt verweisen auf die geschichtlichen Kräfte, die Speyer einst Bedeutung verliehen haben. Der Dom ist ein Wahrzeichen des christlichen Abendlandes und der Macht des mittelalterlichen Kaisertums; das Altpörtel erinnert an das Erstarken des Bürgertums in der zu Macht und Glanz aufsteigenden freien Reichsstadt Speyer.

Absicht des vorliegenden Buches ist es, einen knappen und zugleich informativen Überblick über die Geschichte der Stadt Speyer zu geben; dies ganz besonders für interessierte Laien. Zweifelsohne ist ein solches Unternehmen angesichts der Fülle der Ereignisse und der reichhaltigen Literatur gewagt. Gesamtdarstellungen sind stets unvollständig, zumal dann, wenn sie sich an einen vorgegebenen Umfang wie den der »Kleinen Geschichten« des G. Braun Buchverlags und des DRW-Verlags halten müssen. So manchen Aspekt werden daher die Kenner der Speyerer Geschichte als zu kurz behandelt empfinden, andere Aspekte gar völlig vermissen. Und freilich hätten viele Akzente auch anders gesetzt werden können.

Je näher die dargestellte Stadtgeschichte an das aktuelle Geschehen heranrückt, desto größer wird zwangsläufig der Anteil an Subjektivität und Wertungen. Am Schluss des Buches steht keine ausgewogene Bestandsaufnahme sämtlicher Aspekte des Geschehens in der Gegenwart, sondern eine Auswahl von beispielhaften Über- und Ausblicken. Einen Ausgleich dafür und zugleich eine Orientierung sollen dem an der Geschichte Speyers interessierten Leser die an das Ende des Buches gestellte Zeittafel und eine Literaturauswahl bieten, die die für ein Weiterlesen wichtigste Literatur nennt.

Mein herzlicher Dank gilt Frau Dr. Lenelotte Möller (Speyer) für ihre vielen Ratschläge zur Thematik und für die Hinweise auf die mittelalterlichen und frühneuzeitlichen Quellen. Frau Susanne Rieß-Stumm danke ich für die Beratung bei der Bebilderung und für das zur Verfügung gestellte Bildmaterial. Besonderen Dank schulde ich der Lektorin dieses Buchs, Frau Isabella Eder, für die stets freundliche, geduldige und kompetente Betreuung, die sich vor allem in der Gestaltung des Buches gezeigt hat. Für zahlreiche Gespräche bei der Realisierung der Veröffentlichung danke ich den Kolleginnen und Kollegen der Speyerer Archive, Bibliotheken sowie des Historischen Museums der Pfalz.

Speyer, im August 2008   Hans Ammerich

Geographische Lage und Klima

Speyer ist kreisfreie Stadt mit einer Fläche von 42,58 km² im Bundesland Rheinland-Pfalz und liegt in der Oberrheinischen Tiefebene an der Mündung des Speyerbachs in den Rhein (geografische Daten: 8° 26' östlicher Länge und 49° 19' nördlicher Breite). Für das Stadtgebiet lassen sich drei deutliche Höhenstufen zwischen 92 Metern ü. NN. am Rhein bis 113 Meter ü. NN. auf der oberen Flussterrasse feststellen. Speyer hat heute über 50 650 Einwohner, was einer Bevölkerungsdichte von rund 1190 Einwohner je km² entspricht. Auf Grund der Lage im Oberrheingraben gehört Speyer zu den wärmsten und niederschlagsärmsten Gebieten Deutschlands. Die Jahresmitteltemperatur beträgt 9,8 °C, in der Vegetationszeit 16,9 °C. Die durchschnittliche Niederschlagsmenge beläuft sich auf 596 mm, davon 314 mm in der Vegetationszeit. Die Zahl der Sommertage (mit über 25°) liegt bei durchschnittlich 40 Tagen pro Jahr. Gewitter treten durchschnittlich an 20 bis 25 Tagen auf. Schneefall ist – legt man den Durchschnittswert zu Grunde – an 20 Tagen festzustellen, eine geschlossene Schneedecke ebenfalls an 20 Tagen. Die Hauptwindrichtungen sind Südwest und Nordost. Die Zahl der Sonnenscheinstunden ist im Sommerhalbjahr deutlich überdurchschnittlich, im Winter wegen häufiger Inversionswetterlagen unterdurchschnittlich. Wegen der Inversionslagen und der Schwüle im Sommer gilt das Wetter in Speyer als bioklimatisch belastend.

Folgende Doppelseite:
Die »Maximilianstraße beim Altpörtel zu Speyer«, Stahlstich von R. Höfle, 1855. – Erst seit 1816 heißt die Speyerer Hauptstraße »Maximilianstraße« nach dem ersten bayerischen König und erinnert wie die Ludwigstraße, die Prinz-Luitpold-Straße und der Wittelsbacher Hof an die bayerische Zeit.

MAXIMILIANSSTRASSE

ALTPÖRTEL ZU SPEYER.

Die Bischofsstadt

Noviomagus und *Civitas Nemetum*: römische Anfänge

Der Speyerer Geschichtsschreiber Christoph LEHMANN bezeichnete in seiner »Chronica der Freyen Reichs Statt Speyer« von 1612 die Römer als Gründer der Stadt Speyer und liegt damit nicht falsch.

Wie viele römische, stadtartige Siedlungen am Rhein trägt auch Speyer als *Noviomagus* – ›neues Feld‹ – zunächst einen keltischen Namen, ohne dass ein keltischer Ursprung des Orts nachzuweisen wäre. Dieser Ortsname blieb jedoch noch weit in die Römerzeit hinein der Siedlung erhalten. Die Ansicht, dass der römischen Ansiedlung ein kultisches *oppidum* vorausgegangen sei, ist durch die archäologischen Forschungen seit den Kanalarbeiten 1927 und insbesondere durch die großflächigen Ausgrabungen der letzten dreißig Jahre widerlegt worden.

Spätestens seit 10 v. Chr. war der Oberrhein zwischen Mainz und Basel durch kleinere römische Posten gesichert. Die Gründung einer kleinen Militäreinheit in Speyer ist für diesen Zeitpunkt anzusetzen; daran orientierte sich auch die 2000-Jahr-Feier der Stadt im Jahr 1990. Das Truppenlager wurde noch zweimal verlegt – zuerst nach Süden, dann nach Nordwesten mit erheblicher Erweiterung. Aus dem 1., 2. und 3. Jahrhundert berichten unter anderem zahlreiche römische Inschriften von der Romanisierung der Region. Ein großes Mithrasheiligtum, das in Gimmeldingen bei Neustadt gefunden wurde, bezeugt die aus Persien stammende typische Religion der römischen Soldaten für unseren Raum, der zum nördlichen Grenzgebiet des Imperium Romanum gehörte. Und so wie römische, griechische und ägyptische Götter, Soldaten und Händler durch die Römer hierher gelangten, kamen auch Menschen und Waren aus dem Nemetergebiet in andere Weltgegenden. Terra Sigillata, feine unglasierte römische Töpferware, aus dem nahegelegenen Rheinzabern wurde bis nach England und ans Schwarze Meer exportiert, und vor wenigen Jahren – um 2000 – wurde am Unterlauf der Donau im bulgarischen Ruse das Militärdiplom, der Entlassungsschein und die Bürgerrechtsurkunde samt Heiratserlaubnis eines römischen Veteranen, für den Nemeter Atrectus, Sohn des Capito, aus dem Jahre 105 n. Chr. gefunden. Er war nach seiner Entlassung nicht in seine Heimat zurückgekehrt, sondern hatte sich in der Nähe der Schwarzmeerküste ein Landgut zuteilen lassen und seinen Lebensabend verbracht.

74 n. Chr. wurde das Truppenlager aufgegeben, nachdem die Römer das rechtsrheinische Vorland zunächst bis zum Neckar, dann bis zum später errichteten Limes erobert hatten.

Ein besonderes Zeugnis

Der schönste und berührendste unter den Grabsteinen am Oberrhein, die die Römer hinterlassen haben, ist der des zehnjährigen Peregrinus, eines Sklavenjungen des Caius Julius Nigellio, der vermutlich Offizier der in Speyer stationierten Einheit war. Der Stein, der außer einer Inschrift auch den Jungen mit einem Hündchen und vermutlich einem Spielzeug zeigt, wurde im 1. Jahrhundert n. Chr. in einer Mainzer Werkstatt hergestellt. Der Grabstein wurde in der Ludwigstraße gefunden und befindet sich heute im Historischen Museum der Pfalz in Speyer.

14   Die Bischofsstadt

Grabstele des Peregrinus,
Sklave des C. Julius Nigellio

Römische Anfänge 15

Von den Römern stammen zahlreiche Hinterlassenschaften,
die heute noch Zeugnis geben für ihre große Kunstfertigkeit
und den hohen Standard ihrer Kultur, so auch die sogenannte
Speyerer Säule aus dem 1. Jahrhundert n. Chr. mit Sinnbildern
der Freude, symbolisiert durch die Weinranken.

Unter den Römern, die noch vor Christi Geburt hierher kamen und die germanischen Nemeter ansiedelten, entstanden im Bereich der vormaligen Keltensiedlung nacheinander zwei Militärlager und ein größeres Kastell. Daneben entwickelte sich eine ausgedehnte Zivilsiedlung, die als *Civitas Nemetum* (Nemeterstadt) im 2. Jahrhundert n. Chr. eine Blütezeit erlebte, bevor sie 275 mit dem ganzen Umland durch Alemanneneinfälle zerstört wurde. Zu Beginn des 4. Jahrhunderts erfolgte ein Wiederaufbau der Siedlung.

Zentrum früher Kirchenorganisation

Die Existenz eines Bischofssitzes in der *Civitas Nemetum* kann für die Mitte des 4. Jahrhunderts angenommen werden. 346 findet sich bei den inhaltlich gefälschten Akten eines Konzils zu Köln die Unterschrift: *Jesse ep(iscopu)s civitatis Nemetum*. Die Unterschriftenliste der Konzilsakten dürfte aus einer echten Vorlage übernommen sein. Bereits 342/43 wird in der Liste von gallischen und rheinischen Bischöfen, die zu den Beschlüssen der Synode von Sardica (Sofia) ihre Zustimmung gaben, ein Bischof mit Namen Jesse aufgeführt, allerdings ohne Angabe seines Bischofssitzes. Aufgrund dieser doppelten Überlieferung des Namens darf man daher von Jesse als erstem nachweisbarem Speyerer Bischof ausgehen. Wo seine Bischofskirche stand und wem sie geweiht war, ist nicht bekannt. Rund ein halbes Jahrhundert später, zu Beginn des 5. Jahrhunderts, wird Speyer in der »Notitia Galliarum« als Bischofssitz bezeichnet. Neben vereinzelten archäologischen Funden haben besonders die Ausgrabungen von 1946/47 auf dem Gelände des ehemaligen St. Germanstifts, das heute vom Priesterseminar überbaut ist, Aufschluss über christliches Leben in Speyer und seiner Umgebung im 4./5. Jahrhundert gebracht.

Frühmittelalterlicher Bischofssitz

Vandalen, Alanen und Sueben setzten 406 auf ihrer Wanderung über den Rhein und verwüsteten auf ihrem Weg ins innere Gallien auch Speyer. Die aus dem rechtsrheinischen Gebiet vordrängenden Germanen nötigten die Römer, Speyer zu verlassen. Das Bistum Speyer ging – wie die benachbarten Bistümer Mainz und Worms – in den Wirren der Völkerwanderungszeit unter. Kleine christliche Gemeinden bestanden jedoch weiter. Von besonderer Bedeutung für die Rechristianisierung des Gebietes war die Taufe des Frankenkönigs Chlodwig I. mit 3000 seiner Krieger an Weihnachten 498 durch den Bischof Remigius von Reims. Sein Übertritt zum christlichen Glauben beseitigte nicht nur religiöse Schranken zwischen Galloromanen und Franken und bewirkte die Verschmelzung beider Volksgruppen, sondern förderte auch die geregelte Entwicklung kirchlicher Organisationen.

Ende des 5. Jahrhunderts war Speyer unter fränkische Oberhoheit gekommen. Im Verlauf des 6. Jahrhunderts wurde hier wieder gesiedelt, jedoch nicht im ehemals römischen Siedlungskern, sondern weit außerhalb. Im Nordwesten der römischen Civitas entstand eine fränkische Siedlung, ›Altspeyer‹ genannt, die später Vorstadt wird, im Südwesten die spätere Ortschaft Winternheim. Speyer wurde Sitz eines Gaugrafen.

Der Ortsname

Im Verlauf des 6. Jahrhunderts erhielt die Stadt ihren Namen: *Spira* nach dem germanischen Namen des hier in den Rhein mündenden Flusses: Speyer. Der neue Name *Spira* tritt neben die Bezeichnungen *Noviomagus* und *Civitas Nemetum*. Aus dem frühen »Spira« wurde das mittelalterliche »Spire«, das sich am Beginn des 16. Jahrhunderts zu Speir, Speier und Speyer wandelte.

Um die Mitte des 6. Jahrhunderts entwickelte sich Speyer zu einem Mittelpunkt geistlicher und weltlicher Macht. Zu Beginn des 7. Jahrhunderts wird wieder ein Bischof erwähnt. Seit der Karolingerzeit bestand hier eine Königspfalz. Bei der ersten Teilung des fränkischen Reiches im Vertrag von Verdun 843 kam Speyer zusammen mit dem Speyer-, Worms- und Nahegau – obwohl linksrheinisch gelegen – zum oberfränkischen Reich Ludwigs des

Deutschen; *propter vini copiam,* so berichtet Regino, der aus dem nahe gelegenen Altrip stammende Abt des Klosters Prüm. Die Förderung Speyers, wie sie unter den Karolingern geschah, setzte sich auch unter den Ottonenkaisern fort. 946 erhielt der Speyerer Bischof von Konrad dem Roten, dem Schwiegersohn Kaiser Ottos des Großen, das Münzrecht. 969 wurde ihm von Otto dem Großen die ausschließliche Gerichtsbarkeit in der Stadt und in der Vorstadt – in Altspeyer – verliehen. Mit diesem Immunitätsprivileg wurde der Bischof Stadtherr mit allen Rechten, die den Zoll, den Markt, die Münze und die Stadtbefestigung betrafen. Diese um die und nach der Mitte des 10. Jahrhunderts erteilten Privilegien bildeten die Grundlagen für die Entwicklung zur Stadt, nach außen hin sichtbar im Bau einer Stadtmauer, die erstmals 969 erwähnt wird. Sie dürfte nur wenige Jahre zuvor entstanden sein. Die Stadt war nunmehr aus dem Umland herausgehoben und erhielt mit den neuen Privilegien und Rechtsverbindlichkeiten von nun an eine eigene Struktur.

Wohl im 6. Jahrhundert erfolgte die Wiedererrichtung der untergegangenen oberrheinischen Bistümer in den fränkischen Grenzgauen am Rhein. Das Bistum Speyer wurde zusammen mit dem Kloster St. German vermutlich in der zweiten Hälfte des 6. Jahrhunderts von Metz aus wiedererrichtet. Metz war im letzten Viertel des 6. Jahrhunderts als Sitz des austrasischen Merowingerreiches zu besonderer Bedeutung aufgestiegen.

Zum ersten Mal wird ein Bischof von Speyer nach der Völkerwanderung mit dem Namen Childerich 614 unter den Teilnehmern eines Konzils in Paris genannt; er unterschrieb die dortigen Beschlüsse mit *ex civitate Spira Hildericus Episcopus.* Auch von seiner Bischofskirche ist weder die Lage noch der Kirchenpatron bekannt. Vermutlich stand sie, wie diejenige des Jesse, auf dem heutigen Domhügel; wo genau, muss offen bleiben.

Beispielhaft für die reiche Ausstattung des neuen Bistums Speyer durch die Merowingerkönige ist die Schenkungsurkunde von König Sigibert an Bischof Principius von Speyer aus dem Jahr 653:

Sigibert, König der Franken. Schon auf vielerlei Weise hat königliche Großmut in Gottes Namen Schenkungen an die Kirche und Zuwendungen an die Geistlichen oder Almosen für die Armen getätigt, wodurch sie gemäß Gottes Auftrag begabt und befestigt wurde. Diese Unterstützung soll auch im Lichte unseres Jahrhunderts gewährt werden, und wir glauben, dass so die Kirche auf ihrem ewigen Weg durch die Fürbitte der Heiligen und die Führung des Herrn für das Kommende vorbereitet. Indem wir daher darauf vertrauen, dass Gottes Wille Bestand haben wird, dass das ganze Volk verpflichtet wird, von allen Früchten der Erde der heiligen katholischen Kirche jedes Jahr etwas abzugeben, und zwar so, wie dies in Demut von unseren Vorfahren und Vorgängern beschlossen wurde, so besteht unser Beschluss durch die Gnade Christi, dass von allen Früchten der Erde im Speyergau (pagus Spirensis), wie viel unser Königsgut auch erbringt, sowohl an Getreide als auch an Wein, Honig und Zugvieh, Schweinen und von allen übrigen Erträgnissen, die an uns fallen, die Verwalter des Königsgutes dafür sorgen mögen, auch von den Schweinen, die im Wald gejagt werden, und von aller Art Vieh, soviel in diesem Speyergau auf unser Königsgut entfällt, jedes einzelne Jahr der Kirche von Speyer (ecclesia Nemetense), der ein wahrhaft apostolischer Mann, unser ehrwürdiger Vater, Bischof Principius, vorsteht, den zehnten Teil zu geben und zu schenken, mit dem Ziel, diesen Zehnten jeweils in jedem einzelnen Jahr zum Dienst der Geistlichen oder als Almosen für die Armen bereitzustellen. Wir glauben, dass unser aller Schöpfer zu unserem Nutzen jetzt und in Zukunft für immer dies zu leisten befiehlt. Sorgt also dafür, wie wir es für alle Zeiten in Demut beschlossen haben und es Gottes Wille bleibt, dass immer dies stets bei allen und von allen erfüllt werde, dass uns die Gnade Christi und der Heiligen, auf die wir immer vertrauen, stets erhalten bleibt, und dass nicht etwas [an den Abgaben] *fehlt, was eine Beleidigung gegen Gott und gegen uns wäre. Und damit umso sicherer die späteren Nachfolger den gegenwärtigen Beschluss in unversehrter Ordnung beachten und er allezeit gültig bleibe, haben wir beschlossen, ihn durch Unterschrift mit eigener Hand zu bekräftigen.*

Bistum Speyer

Der Sprengel des Speyerer Bistums erstreckte sich in der Übergangszeit von der Spätantike zum frühen Mittelalter sicherlich nicht auf Gebiete östlich des Rheins. Erst die Besetzung durch die Franken, ihr Übertritt zum Christentum und die Konsolidierung ihrer Herrschaft schufen die Voraussetzungen, das Bistum nach Osten zu erweitern. Es darf angenommen werden, dass die kirchliche Organisation links des Rheins von St. German aus ihren Ausgang nahm, rechts des Rheins erfolgte dieser Ausbau in späterer Zeit von Kloster Weißenburg aus.

Bis zur Regierungszeit Kaiser Ottos (I.) des Großen (936–972) sind nur wenige Nachrichten über die Bischöfe von Speyer erhalten. Ihr Leben und Wirken bleibt weitgehend im Dunkeln. Erst ab der Mitte des 10. Jahrhunderts sind wir über sie und die Ereignisse ihrer Amtszeit besser informiert.

Bedeutende Männer – zumeist aus dem engsten Beraterkreis des Kaisers ausgewählt – bestiegen in dieser Epoche den Bischofsstuhl. Sie wurden ihren geistlichen und weltlichen Aufgaben gleichermaßen gerecht: Die Speyerer Bischöfe Gottfried (950–960) und Otgar (962–970) spielten eine einflussreiche Rolle am ottonischen Kaiserhof. Otgar war als Beauftragter des Kaisers mehrfach in Rom. Die Speyerer Bischöfe Balderich von Säckingen (970-986) und Walter (1004-1027) zählten zu den gelehrtesten Männern ihrer Zeit. Unter ihnen gelangte die Domschule von Speyer zu höchstem Ansehen.

Bischof Reginbald II. (1033-1038) war im Kloster St. Gallen erzogen worden und Abt von St. Afra in Augsburg sowie im Kloster Lorsch gewesen. Reginbald zeichnete sich durch Frömmigkeit und hohe Gelehrsamkeit aus. Da er sich insbesondere für die Armen einsetzte, wurde er nach seinem Tod wie ein Heiliger verehrt. In der Amtszeit Reginbalds wurde von dem Salier Konrad II. mit dem Bau des Domes zu Speyer begonnen; die Altarweihe fand 1061 statt. Sein Enkel Heinrich IV. ließ die Kathedrale ab 1083 durch seine Baumeister Benno (Bischof von Osnabrück, gest. 1088) und Otto (seit 1102 Bischof von Bamberg, gest. 1139) umbauen.

Das prägende Ereignis: der Bau des Doms

Vom späten 10. Jahrhundert bis um die Mitte des 12. Jahrhunderts wuchs Speyer zu einer Stadt von zentraler Bedeutung heran. Sie wurde insbesondere unter den Saliern und frühen Staufern zum Zentrum des Reiches.

Was heißt salisch?

Die Bezeichnung der Kaiser von Konrad II. bis Heinrich V. als »salisch« wurde erst später angewendet. »Salisch« bedeutet soviel wie »hochfrei fränkisch«. »Sal« heißt soviel wie Herrschaft. Ein »Salhof« ist ein Herrenhof, »terra salica« ist Herrenland. Auf die Salier übertragen, heißt dies, dass es sich bei ihnen um ein altes fränkisches Herrengeschlecht handelt. Der Ursprung der Salier muss in der fränkischen Hocharistokratie, die zum größten Teil

> aus der Gegend zwischen Maas und Mosel stammte, gesucht werden. Als wesentliche Stützen der fränkischen Könige waren sie Feldherren, Diplomaten, Krongutsverwalter; aber sie waren ebenso als Inhaber von Bistümern und als Laienäbte treue Gefolgsmannen in der weltlichen und kirchlichen Fürsorge für das Frankenreich.

Eines der folgenreichsten Ereignisse für die Geschichte der Stadt war die Wahl Konrads des Älteren zum deutschen König in Kamba am Rhein um 1024. Er stammte aus der Familie, die später den Namen ›Salier‹ erhielt und hatte seine Heimat im Worms- und Speyergau. Als Zeichen seines kaiserlichen Anspruches, Schutzherr aller Christen zu sein, gründete er in Speyer um 1030 die größte Kirche der Christenheit und das bis heute größte romanische Bauwerk der Welt: den Dom zu Speyer.

Herrschaftssymbol der Salier

Der romanische Dom war nicht das erste Gotteshaus, das an seiner Stelle errichtet wurde. Eine merowingische und eine karolingische Vorgängerkirche sind bezeugt. Doch waren diese Kirchen im Vergleich zu dem von Konrad II. geplanten Dom klein und bescheiden. Karl der Große hatte sein Münster zu Aachen, Otto I. den Dom in Magdeburg und Heinrich II. den Dom in Bamberg erbauen lassen; deshalb konnte Konrad II. als erster Herrscher einer neuen Dynastie mit der bescheidenen Domkirche in Speyer nicht mehr zufrieden sein. Möglicherweise waren Konrad und seine Gemahlin Gisela in dem Entschluss, einen neuen Dom errichten zu wollen, durch ihren Zug nach Italien und die 1027 in Rom vollzogene Kaiserkrönung bestärkt worden.

Über die Gründung des Speyerer Domes existiert ein Bericht in den Speyerer Annalen von Johann Seyfried von Mutterstadt:

Konrad II., römischer König, genannt der Salier, erster fränkischer König, regierte 15 Jahre. Zur Frau hatte er Gisela, die ihre Abstammung auf das alte ruhmreiche Geschlecht Karls des Großen zurückführte, von der er auch den Erben Heinrich hatte, den sie in hohem Alter bekommen hatte, wie es lange zuvor der Mainzer Erzbischof Bartho vorausgesagt hatte. Dieser ließ in der Stadt Speyer jene alte Basilika, die zu Ehren des hl. Papstes und Märtyrers Stephanus errichtet worden war, bis auf die Grundmauern niederreißen und am selben Ort eine neue von wunderbarer Größe, Macht und Schönheit, die bis zu unserer Zeit steht, von Grund auf errichten zu Ehren der hl. Gottesmutter Maria und des hl. Papstes und Märtyrers Stephanus im Jahr 1030. Am Fest der hl. Jungfrau Margarethe [12. Juli] setzte Konrad den Grundstein zur Errichtung des Kloster Limburg (bei Dürkheim). Von dort ging er nüchtern nach Speyer, wo er die Grundsteine zum bereits beschriebenen Dom und zum Stift des hl. Johannes des Täufers legte, später nach dem hl. Guido benannt. Obwohl er diese Bauwerke, weil er zuvor starb, nicht mehr erleben konnte, hinterließ er sie seinen Nachkommen als Beispiel, wodurch ermahnt diese sein Unternehmen vollendeten und [reich] ausstatteten. Eben dieser Konrad II. setzte fest, dass von den übrigen römischen Kaisern und Königen, die diesseits der Alpen sterben, in der Kirche, die er in seiner Stadt Speyer gegründet hatte und die auch er reich begabt hatte, bestattet werden sollten, wie er sie auch selbst als erster ausfüllte. Denn an Pfingsten 1039 [3. Juni}, das er in Utrecht feierte, erkrankt, beendete er im 15. Jahr seines Königtums und im 9. Jahr seines Kaisertums seinen letzten Tag, und während seine Eingeweide ebendort bestattet wurden, wurde sein Leichnam nach Speyer überführt und im Königschor des

Domes bestattet [wo neben ihm später seine Frau beigesetzt wurde], *unter dem dritten Marmorstein, auf welchem folgende Inschrift angebracht wurde:* ANNO DOMINICE INCARNATIONIS MXXXIX CONRADUS SECUNDUS IMPERATOR II. NONAS IVLII OBIIT.

Da Johann Seyfried die Speyerer Annalen in einem zeitlichen Abstand von etwa 400 Jahren zu den Ereignissen niedergeschrieben hat, haben sich in seinem Text zwar Fehler eingeschlichen (Konrad regierte siebzehn Jahre, nicht fünfzehn, und auch das Datum der Grundsteinlegung des Domes gibt er wohl nicht korrekt an) und einige Stilisierungen stattgefunden (die Grundsteinlegung der drei Gebäude an einem einzigen Tag ist wohl nicht historisch korrekt), doch sind religiöse Haltung und politische Absicht des Domgründers darin gewiss unverfälscht wiedergegeben.

Konrads Absicht, den größten Dombau des christlichen Abendlandes in seinem Herrschaftsbereich erbauen zu lassen, ließ sich zu seinen Lebzeiten noch nicht abschließend verwirklichen; wie er wurde auch sein Sohn Heinrich III. (1039-1056) in dem unvollendeten Gotteshaus beigesetzt. Papst Viktor II. (1055-1057), der zeitlich letzte der fünf deutschstämmigen Päpste im 11. Jahrhundert, nahm die Beisetzung Heinrichs vor.

Erst Heinrich IV. (1056-1106) erlebte 1061 die Weihe des Domes zu Ehren Mariens und des heiligen Papstes Stephanus, dessen Haupt als bedeutendste Reliquie im Dom verwahrt wird. Zwischen der Grundsteinlegung (vor 1030) und der ersten Weihe 1061 vollzog sich die so genannte morgenländische Kirchenspaltung: Die östliche Kirche sagte sich im Selbstverständnis des Kaisers als Oberhaupt der Kirche und Stellvertreter Christi von Rom los (1054). Als 1083 der byzantinische Kaiser Alexios dem Dom ein kostbares, heute verschollenes Altarantependium – eine Verkleidung des Altarunterbaus – schenkte, konnte dies als kleines

Anzeichen für eine Wiedervereinigung gedeutet werden – doch erfüllte sich diese Hoffnung nicht.

Mit dem Dombau zu Speyer wollten die Salier ihre Macht und Herrschaft unterstreichen. Die geistesgeschichtliche Voraussetzung für den Dombau bildet der im Religiösen wurzelnde Kaisergedanke. Als sich Kaiser Heinrich IV. während des Investiturstreites um die Jahreswende 1076/77 zu seinem Bußgang zu Papst Gregor VII. nach Canossa gezwungen sah, traf dies die sakrale Bedeutung des Kaisertums und damit auch dessen Macht empfindlich. Als wäre der Dom selbst von diesen Ereignissen betroffen, als sei er in seinen Grundfesten erschüttert worden, nahm Heinrich IV. zu Beginn der achtziger Jahre des 11. Jahrhunderts einen großen Umbau vor, der in den Ostteilen oberhalb der Krypta weitgehend einem Neubau gleichkam: Das Mittelschiff wurde eingewölbt, dem Außenbau wurden die Zwerggalerien und die Türme aufgesetzt. Beim Tod Heinrichs IV. 1106 waren diese Baumaßnahmen wohl abgeschlossen; sie fielen in die Zeit der heftigsten Auseinandersetzungen zwischen Kaiser und Papst. Nach seiner Vollendung war der Dom das damals größte Bauwerk des Abendlandes (134 Meter lang, im Mittelschiff 34 Meter hoch), ein sichtbarer Ausdruck des Herrschaftsanspruches der Salier. »Im Speyerer Kaiserdom hat nicht nur der deutsche Kaiser, sondern das gesamte sacrum imperium seine höchste Repräsentation erfahren«, urteilt der Kunsthistoriker Herbert DELLWING.

Zugleich mit dem salischen Dom entstand auf dessen Nordseite die neue Königspfalz, der Palast, in dem der König residierte, wenn er auf seinen ständigen Zügen durch das Reich nach Speyer kam. Bis zum Ende der Stauferzeit zählte Speyer zu den häufigsten Aufenthaltsorten der deutschen Herrscher.

Bedeutende Ereignisse fanden in den Mauern des Domes und in seinem Bannkreis statt. So wurden die Speyerer Reichstage – insgesamt über fünfzig – im Kaiserdom mit feierlichen Gottesdiensten eröffnet und beschlossen. Beim Speyerer Reichstag von 1127 wurde Norbert von Xanten, der Gründer des Prämonstratenserordens, zum Erzbischof von Magdeburg gewählt. Auf dem Reichstag an Weihnachten 1146 rief Bernhard von Clairvaux, seinerseits Gründer des Zisterzienserordens, im Dom die deutschen Fürsten zum Zweiten Kreuzzug auf. Zu Ehren Mariens, der Patronin des Bistums und des Domes, wurde damals das Salve Regina gesungen, dem Bernhard die Worte *o clemens, o pia, o dulcis virgo Maria* hinzugefügt haben soll. Vom Besuch Bernhards, der nicht nur im Gedächtnis der Stadt Speyer, sondern auch in der Kunstgeschichte, vor allem des Barock, seinen festen Platz hat, berichtet der Mönch Philipp von Lüttich als Augenzeuge:

Am Dienstag war Heilig Abend, und wir kamen mit dem Schiff nach Speyer. Dort feierte nämlich König Konrad [III.] das Weihnachtsfest, dort waren die versammelten Bischöfe und Fürsten anwesend. Dahin kam der heilige Vater [... Bernhard] in dem Begehren unter einigen Fürsten Frieden herzustellen, deren Feindschaften viele vom Heere des Kreuzes Christi fernhielten. [...] Die Ankunft Bernhards gestaltete sich aber nicht geruhsam. Es geschah nämlich – um es einmal so zu sagen – das Wunder der Wunder: Der König nahm entgegen der Hoffnung aller, die erschienen waren, das Kreuz. So schnell lief die lebendige, wirksame Predigt. Wahrhaftig hat sich dort erwiesen, dass das Herz des Königs in der Hand Gottes liegt. Zuvor schon war nämlich der heilige Bernhard heimlich bei Frankfurt mit dem König zusammengekommen und hatte ihn dort ermahnt, dass er für sein persönliches Heil sich vorsehe in einer Zeit reichen Erbarmens. [...] So sprach er, indem er den König in Speyer zum zweiten Mal, nun in öffentlicher Rede, wie zuvor zum Kreuzzug ermahnte, ihn nicht als König, sondern ganz freimütig als Mensch an. [Bernhard] stellte nämlich das künftige Gericht dar, wie der Mensch vor Christi Richterstuhl steht, wie Christus urteilt und spricht: »O Mensch, was hätte ich dir tun sollen und habe es nicht getan?« – und dann zählte er des Königs Hoheit, Schätze, Einsichten, tapferen Geist und Körperkraft auf. Mit diesen und ähnlichen Worten bewegte er den Menschen so, dass er mitten in der Predigt unter Tränen ausrief: »Ich erkenne nun sehr wohl das göttliche Geschenk der Gnade, und nun will ich unter dem Schutz Gottes nicht mehr undankbar sein. Ich bin bereit, ihm zu dienen, sobald ich von ihm dazu gemahnt werde.« Sprach's, und siehe da bricht das Volk, die Worte des Königs aus dessen Mund begierig aufgreifend, in lautes Gotteslob aus, und die Erde hallte von ihren Stimmen wieder. Sogleich wurde der König mit dem Kreuze gezeichnet und empfing das Banner vom Altar aus der Hand des Abtes, um es im Heere des Herrn mit eigener Hand zu tragen. Da empfing auch sein Neffe Herzog Friedrich der Jüngere, es empfingen andere Fürsten, deren keine Zahl ist, das Kreuz.

Am selben Tage aber erhielt neben der Kapelle, wo der heilige Abt [Bernhard] *die Messe gefeiert hat, ein gelähmter Junge in meiner Gegenwart die Gehfähigkeit zurück.*

Die Bestimmung des Doms zur salischen Familien- und Königsgrablege hatte zur Folge, dass Speyer in den Rang eines besonderen herrschaftlichen Zentrums erhoben wurde. Speyer entwickelte sich unter Kaiser Heinrich III. zu einer der bevorzugten Pfalzen des Reiches und blieb es bis in die Regierungszeit Heinrichs V. (1106–1125), des letzten salischen Kaisers. Sichtbarer Ausdruck für die Bedeutung Speyers ist neben dem Bau des Kaiserdomes auch die Errichtung weiterer großer Kirchen wie des St. Johannesstiftes (um 1030) im Nordwesten und des Allerheiligen-Stiftes (um 1040) im Südwesten.

Die Stadt wächst

Die Erweiterungen der Stadt nach Südwesten und Nordosten begannen um 1050/1060 mit der Anlage einer Kaufleutesiedlung, die sich auf der Westseite der Stadt um die ältere Bischofsstadt legte. Bis 1100 erfolgte die Ausdehnung nach Westen und Südwesten bis zum Altpörtel bzw. zum Allerheiligen-Stift. In der ersten Hälfte des 12. Jahrhunderts breitete sich das Stadtgebiet nach Nordwesten bis zum St.-Guido-Stift aus; dadurch wurde der Anschluss an die ältere Siedlung möglich, die jetzt als Vorstadt angesehen wurde. Hinzu kam eine weitere westlich vor dem Altpörtel liegende Vorstadt Altspeyer, die bis zur außerhalb liegenden Ägidienkirche reichte. Insgesamt vergrößerte sich das Stadtgebiet zwischen 1050 und 1150 auf fast das Zehnfache – von ca. acht Hektar auf ca. 70 Hektar. Durch die Verbindung der drei Stiftskirchen entstand das auf den Dom radial ausgerichtete Straßensystem mit der großen westöstlichen Mittelachse, der heutigen Maximilianstraße, zwischen Dom und Altpörtel. Auf diese stufenweise erfolgten Stadterweiterungen geht der Umstand zurück, dass die Straßen, die dadurch jeweils verlängert wurden, unterschiedliche Namen in den jeweils verschiedenen Abschnitten tragen.

Der Wandel Speyers wird in zwei zeitgenössischen Aussagen deutlich: Sprach der Dichter Walther von Speyer, ein Zögling der Domschule (973-981), noch von der *glückseligen Kühstadt*, so schrieb der in der Normandie lebende englische Mönch Ordericus Vitalis (1075-nach 1143) anlässlich der Beisetzung von Kaiser Heinrich V. im Speyerer Dom (1125) von der »Hauptstadt Deutschlands« - *metropolis Germaniae*. Auch die Bevölkerungsstruktur veränderte sich: Aus der überwiegend bäuerlichen Bevölkerung wurde mehr und mehr eine städtische. Handwerker und

Kaufleute bildeten neben Dienstleuten zunehmend den Großteil der Einwohnerschaft. Diese gesellschaftliche Umschichtung wurde seit Beginn des 12. Jahrhunderts durch kaiserliche Privilegien gefördert. Um das Jahr 1190 gewährte der staufische König Heinrich VI. das in einer Urkunde Philipps von Schwaben von 1198 bezeugte und bestätigte Recht, aus ihrer Mitte zwölf Männer zu wählen, die die Verwaltung der Stadt verantwortlich leiten sollten. Speyer war damit eine der ersten Städte mit Autokephalie [= Selbstverwaltung] nördlich der Alpen. Die Zusicherung von Privilegien hatte in diesem wie auch in allen anderen Fällen ihren Preis:

Im Namen der heiligen und unteilbaren Dreifaltigkeit. Philipp, von Gottes Gnaden Herzog von Schwaben. Kund und zu wissen sei allen jetzt und in Zukunft, dass, als wir nach der Abreise des hochgeehrten Kaisers Heinrich, unsers Bruders, zu Speyer angelangt sind und sowohl im Namen seiner kaiserlichen Majestät als auch in unserem eigenen bei der Bürgerschaft daselbst um Hilfe und Rat ersucht haben, wir mit denselben in folgender Weise übereingekommen sind, dass sie, wenn es nötig wäre, für unser Kriegsvolk Schiffe und Fähren besorgen, und dabei dienlich sein wollten, ebenso bei der Beschaffung von Lebensmitteln je nach Jahreszeit und ihren Möglichkeiten Hilfe und Vorschub leisten, und sie haben sich bereit erklärt und für die Zukunft versprochen, wenn wir es für erforderlich hielten, uns mit 30 Mann in der Stadt wohlwollend aufzunehmen, doch unter der Einrede und Bedingung, dass wir unserem übrigen Kriegsvolk weder in der Stadt noch außerhalb in den Vorstädten sich niederzulassen, zu hausen oder Herberge zu nehmen erlauben wollen. So haben wir uns auch der feindlichen Einfälle wegen dergestalt geeinigt, dass, wenn jemand das Bistum Speyer, so weit sich dasselbe erstreckt, mit Krieg anzugreifen erdreisten wird, die Burgerschafft der Stadt samt dem Bischoff und seinen Dienstleuten mit uns und wir umgekehrt mit ihnen in solchem Fall gegen alle feindliche Gewalt die Füße treulich zusammensetzen und einander nicht im Stich lassen wollen. Solches alles hat uns die Bürgerschaft eidlich hinreichend versichert, demnach aber wir unsererseits der Stadt die getreuen Dienste, die sie nicht allein uns, sondern auch unsern Eltern und deren Vorfahren am Römischen Reich mit gebührendem Eifer und Wohlwollen geleistet, gnädig erwogen und ihnen alle Rechte und Gerechtigkeit, mit denen sie von Alters her von den Kaisern durch Privilegien begabt worden waren, erneuert und bestätigt haben. Insbesondere haben wir ferner ausdrücklich und insonderheit sie in dem, worin sie sich sehr und oft beschwert befunden haben, freigestellt, dass von keinem geistlichen noch weltlichen Richter innerhalb des Bistums Speyer die Beschwerde, so Dinogane genannt wird, auch keine andere Schatzung von Gütern der Bürger zu Speyer außerhalb Zins, so man deshalb etwas schuldig ist, erfordert und genommen werden soll. So haben wir auch der Stadt Speyer diese Freiheit erteilt, dass weder der Kaiser noch wir dieselbe mit einer gemeinen oder sonderbaren Schatzung belegen wollen, wenn uns nicht die Bürgerschaft aus freiem und guten Willen eine freiwillige und nützliche Hilfe von selbst zu gewähren für gut ansehen und halten. Ferner haben wir in Nachfolge von Kaiser Heinrichs V. Verordnung der Stadt sowohl in des [jetzigen] Kaisers als auch in unserem Namen gestattet, dass sie Recht und Freiheit haben, zwölf aus ihren Bürgern zu erwählen, die geloben und schwören sollen, für die Bürgerschaft nach ihrem besten Verstand und Vermögen gute Vorsehung zu treffen und nach ihren Gutachten und Rat die Stadt zu regieren; über dies alles haben wir derselben durch den Eid der nachstehenden [Zeugen] Versicherung geleistet. Deren Namen sind: Ludwig Graf von Helffenstein, [...] Friedrich von Cantzien. Geschehen zu Speyer nach Christi Menschwerdung 1198, [...] den 12. Februar. Amen.

1220 ist der Rat (*universitas consiliariorum*) als kommunale Institution gefestigt.

Spira fit insignis Heinrici munere regis – ›Speyer wird ausgezeichnet und erhöht durch das fördernde Werk König Heinrichs‹. Dieser Vers aus dem so genannten Codex Aureus, dem von Heinrich III. der Speyerer Kirche geschenkten Prachtevangeliar, macht deutlich, welchen Bedeutungszuwachs die Stadt in der Salierzeit erlebte. Der Ehrentitel, *Sancta Spira*, bezeichnet Speyer als Ort der Grablege der salischen Kaiser. Die ebenfalls im 12. Jahrhundert geprägte Bezeichnung *patria Spira* dagegen spielt auf die besonderen Beziehungen der Salier zur Stadt an. Leider waren die Beziehungen Heinrichs III. zu Speyer in den späteren Jahren getrübt durch ein Zerwürfnis mit Bischof Sigibodo II. (1039-1051), der wohl nicht den strengen religiösen Anforderungen des Kaisers entsprach. Als Gründer des Stiftes *zur Hl. Dreifaltigkeit und Allen Heiligen* hat sich allerdings Sigibodo ein bleibendes Denkmal gesetzt. Es ist auffallend, dass Heinrich III. nichts zur Vergrößerung des bischöflichen Besitzes beigetragen hat, ganz im Unterschied dazu, wie dies sonst üblich war. Seine ganze Liebe galt dem Dom und den anderen Stiftungen seines Vaters, der bei Bad Dürkheim gelegenen Limburg und dem Speyerer Johannesstift. Dieses Wohlwollen ist um so mehr zu schätzen, da Heinrich III. zur Ausstattung des Domes nicht Reichsgut, sondern zum allergrößten Teil Eigengut des salischen Hauses verwendete.

Auch Kaiser Heinrich IV. war mit dem Dom und seinen Geistlichen eng verbunden. Er sorgte für die wirtschaftliche Sicherstellung des Domklerus und vermehrte die Pfründen am Dom. Ganz besonders förderte der Kaiser die Speyerer Domschule, aus der eine Reihe von Domherren und Bischöfen hervorging. War schon früher der Speyerer Dichter und spätere Bischof Walther (1004-1031) ein hervorragender Lehrer der Domschule gewesen, so erhielt sie nun neuen Glanz durch Benno von Osnabrück, einen Reichenau-Schüler, der viele Geistliche aus ganz Deutschland anzog. Auch der spätere Bischof Rüdiger Huzmann lehrte längere Zeit vor seiner Bischofserhebung an dieser Schule, die nach einem zeitgenössischen Bericht an Bedeutung den Schulen in Paris, Metz und Bamberg nicht nachstand.

Heinrich IV. zählt sicherlich zu den tragischen Persönlichkeiten der Geschichte des christlichen Abendlands. Weihnachten 1105 beraubte ihn sein Sohn Heinrich V. des Thrones und setzte ihn auf der Burg Böckelheim bei Kreuznach, die dem Speyerer Bischof gehörte, gefangen. Später in die Pfalz Ingelheim verbracht, gelang es Heinrich zu fliehen, um den Kampf um Thron und Reich von neuem aufzunehmen. Am 7. August 1106 starb er in Lüttich. Seiner Bitte gemäß brachte sein Sohn den Leichnam nach Speyer, um ihn dort in der Familiengrablege beizusetzen. Da Heinrich IV. jedoch im Kirchenbann gestorben war, verwehrte Bischof Gebhard, der als Hirsauer Mönch streng päpstlich gesonnen war, das Begräbnis in geweihter Erde. Erst 1111 gelang es Heinrich V. in zähen Verhandlungen mit dem Papst, die Lösung des Toten vom Bann zu erreichen. Jetzt konnte er den bisher in der ungeweihten Afrakapelle des Speyerer Domes stehenden Sarkophag im Königschor des Speyerer Domes beisetzen lassen, den der Verstorbene ›vor allen Kirchen seines Reiches‹ geliebt hatte, wie der Benediktinermönch Ekkehard von Aura in seiner Weltchronik berichtet.

Zu Beginn des 12. Jahrhunderts begannen die Fürsten, in Opposition zum Kaiser, ihre Territorien zu erweitern. Heinrich V. versuchte mit Hilfe der Reichsministerialen, dem Königtum am Oberrhein eine starke Stellung zu verschaffen. Auch die Begünstigung der Städte durch Privilegien stärkte seine Macht. Am 14. August 1111, eine Woche nach der feierlichen Beisetzung des vom Bann gelösten Heinrich IV., verlieh Heinrich V. den Bürgern von Speyer bedeutende Freiheitsrechte. Diese wurden mit goldenen Buchstaben, um des Kaisers Bild angeordnet, an der

Stirnseite des Domes angebracht. Für Speyer leitete die Privilegienverleihung Heinrichs V. den Beginn der Entwicklung zur freien Reichsstadt ein.

Kurz vor seinem Tod am 23. Mai 1125 übergab Heinrich V. in Utrecht seinem Neffen, dem Stauferherzog Friedrich II. von Schwaben, Krone und Reichskleinodien, damit er sie auf den Trifels, wo die Reichsinsignien aufbewahrt wurden, bringe und dort verwahre. Heinrich V. starb ohne Erben. Das Zeitalter der Salier war zu Ende – eine neue Epoche im Reich und damit auch für die Stadt Speyer begann.

Rechtsbereich und Geistlichkeit: Ausbildung städtischer Strukturen

Am Anfang des 12. Jahrhunderts war die Ummauerung der salischen Stadterweiterung fertig gestellt. Sie umfasste das Gebiet zwischen den alten Ausfallstraßen sowie die beiden Stifte im Nord- und Südwesten. Stadtmauern bedeuteten nicht nur Schutz gegen äußere Feinde, sondern sie waren auch wichtige Rechtsgrenzen. Die Mauer umschloss bis zur Französischen Revolution einen privilegierten Rechtsbereich; in ihm war weitgehend Rechtsgleichheit vorhanden. Als neue städtische Dominante war die auf den Dom ausgerichtete Marktstraße mit dem Stadtbach entstanden. An dieser Straße orientierte sich nun die Bebauung.

Die Pfarrkirchen der Stadt

Vermutlich in der zweiten Hälfte des 12. Jahrhunderts entstanden die Kapellen, aus denen später die Pfarrkirchen der Stadt hervorgingen: St. Bartholomäus (heute zwischen Wormser

> Straße und Gutenbergstraße), St. Georg (heutige Georgengasse), St. Jakob (heute Kaufhof), St. Johannes (heute Johannesstraße), St. Peter (heute Allerheiligenstraße), St. Martin (heute Martinskirchweg), St. Moritz (heute Königsplatz) und St. Stephan (südlich des Domes).

Im 13. Jahrhundert kamen auch die Bettelorden nach Speyer, die in der Stadt vier Klöster erbauten: Es waren dies zuerst 1221 die Franziskaner, denen die Stadt mit Caesarius von Speyer und Julian von Speyer zwei bedeutende Mitglieder schenkte, 1265 die Dominikaner sowie um 1270 die Augustinereremiten und die Karmeliten. Bereits 1228 waren die Reuerinnen zur hl. Maria Magdalena gekommen, die 1304 zum Dominikanerorden übertraten. Sie bildeten den einzigen von über 60 Konventen in der Pfalz, der heute noch Bestand hat. Ebenso bedeutend wie St. Magdalena war von 1222 bis 1798 das Franziskanerinnenkloster St. Klara. Auf der Nordostseite der Stadt entstand im frühen 13. Jahrhundert die Vorstadt über dem Hasenpfuhl mit dem Zentrum des St.-Magdalenen-Klosters, bald darauf im Süden die Fischer- oder St.-Markus-Vorstadt, die sich beiderseits der Straße zur außerhalb liegenden St.-Markus-Kirche und entlang der heutigen Steingasse, die zum Fischertor führte, ausdehnte. Die Vorstädte wurden im 13. und 14. Jahrhundert ummauert. Um 1300 hatte die Stadt etwa 5000 Einwohner.

Das Altpörtel

Das Altpörtel in der Maximilianstraße war das westliche Stadttor Speyers. Mit einer Höhe von 55 Metern gehört es zu den höchsten und bedeutendsten Stadttoren Deutschlands. Es

Stadtmauer am Hilgardgraben, aufgenommen nach 1914. –
Zu sehen ist hier der noch längste erhaltene Stadtmauerteil mit Türmen;
links der Turm »Zur Taube«, rechts der »Drachenturm«

Das Altpörtel in einer Aufnahme nach 1900
von der Westseite aus gesehen

wurde in der ersten Hälfte des 13. Jahrhunderts errichtet und ersetzte ein schon früher vorhandenes Tor. Der untere Teil des Turmes wurde zwischen 1230 und 1250 erbaut. Das oberste Turmgeschoss mit einer spätgotischen Maßwerkbrüstung und den Arkadenbögen der Galerie wurde im Zeitraum von 1512 bis 1514 hinzugefügt. Das steile Dach mit der Laterne wurde 1708 aufgesetzt. An der Ost- und Westseite des Altpörtels sind jeweils zwei Zifferblätter der Turmuhr angebracht. Die Zeiger auf den großen Zifferblättern zeigen die Stunden an, die Zeiger auf den kleinen Zifferblättern die Minuten.

In der ersten urkundlichen Erwähnung des Torturmes von 1197 heißt das Altpörtel schon *vetus porta* (altes Tor), im Gegensatz zum nicht mehr existierenden Neupörtel (*nova porta*). Architektonisch reich gegliedert ist seine Ostseite, die Seite zur Stadt. Die Westseite weist kleine Schießscharten auf. Auf der nördlichen Seite der Durchfahrt durch das Altpörtel befindet sich bis heute ein eiserner Stab, der »Speyerer Werkschuh«. Dieses Speyerer Normalmaß hat eine Länge von 28,889 Zentimetern und wurde früher in zwölf Zoll unterteilt. Auf Grund glücklicher Umstände überstand das Altpörtel die Stadtzerstörung von 1689 und blieb so als eines der wenigen Überreste der mittelalterlichen Stadtbefestigung erhalten. Es bildet den Abschluss der repräsentativen Maximilianstraße, die eine Triumphstraße (»Via Triumphalis«) war. Die 25 bis 30 Meter breite Straße, die 700 Meter lang ist, sah viele bedeutende Ereignisse: Hier zog der Kaiser bei besonderen Anlässen mit großem Gefolge in den Dom. Im Altpörtel versah viele Jahrhunderte lang ein Torwächter seinen Dienst. Neben ihrem Amt als Pförtner erhoben die Torwächter das Wegegeld und bewachten die Waffen und Munition, die in den Türmen gelagert wurden. Hier wurden zudem die Werkzeuge des Scharfrichters in einer Eichenholzkiste aufbewahrt.

Angesehen und verfolgt: die bedeutende jüdische Gemeinde

Zur wirtschaftlichen und geistigen Blüte Speyers trugen im Mittelalter ganz wesentlich Juden bei. Sie ließen sich - 1084 mit Privilegien ausgestattet - als Schutzbürger des Bischofs Rüdiger Huzmann in der Stadt nieder. Die Urkunde vom 13. September 1084 lässt erkennen, dass sich der Bischof der Besonderheit seiner Maßnahme durchaus bewusst war:

Im Namen der heiligen und unteilbaren Dreifaltigkeit. Ich, Rüdiger mit dem Beinamen Huzmann, Bischof von Speyer, glaubte, indem ich aus dem Ort Speyer eine Stadt machen wollte, die Ehre dieses Ortes tausendfach zu mehren, wenn ich hierher auch Juden versammle.

Diese habe ich außerhalb der Gemeinschaft und der Wohnorte der übrigen Bürger angesiedelt, und damit sie nicht so leicht durch den lästigen Haufen des Pöbels gestört werden, habe ich sie mit einer Mauer umgeben. Den Ort, wo sie wohnen, den ich rechtmäßig erworben habe - zuerst erhielt ich nämlich den Hügel, teils gegen Geld, teils im Tausch; das Tal erhielt ich als Erbschaft geschenkt - gab ich ihnen unter der Bedingung, dass sie jährlich 3 ½ Pfund in Speyerer Währung zum gemeinen Nutzen der Brüder zahlen.

Ferner gewährte ich ihnen, innerhalb ihres ummauerten Wohngebietes und außerhalb bis zum Schiffshafen und im Hafen selbst die Freiheit, Gold und Silber zu tauschen und zu kaufen und zu verkaufen, was immer sie wollen. Dieselbe Erlaubnis habe ich ihnen für die ganze Stadt zugestanden. Darüber hinaus gab ich ihnen im Erbrecht aus dem Kirchenschatz eine Begräbnisstätte. Ich habe des weiteren bestimmt, dass, wenn ein Jude bei ihnen zu Gast ist, er dort keinen Zoll zahlt.

Außerdem soll wie ein Stadtrichter unter den Bürgern ihr Sy-

nagogenvorsteher jede Klage entscheiden, die zwischen ihnen oder gegen sie aufkommt. Wenn er sie aber nicht entscheiden kann, soll der Fall vor den Bischof der Stadt oder seine Kammer gebracht werden.

Die Nachtwache, den Schutz und die Sicherung rund um ihre Befestigung haben sie selbst zu besorgen, den Schutz allerdings gemeinsam mit den [bischöflichen] Knechten. Ammen und Dienstboten mögen sie aus unseren Reihen haben.

[Rituell] unreines Fleisch, welches ihnen nach ihrem heiligen Gesetz unerlaubt scheint, dürfen sie an Christen verkaufen, und die Christen dürfen es kaufen. Alles in allem habe ich ihnen nach höchster Gunst ein Gesetz gewährt, demgegenüber das Volk der Juden in keiner Stadt im gesamten deutschen Reich ein besseres besitzt.

Damit keiner meiner Nachfolger ihnen diese Schenkung und die Privilegien schmälere oder beschließe, sie zu einer höheren Steuer heranzuziehen, und damit sie gleichzeitig dieses Privileg nicht als ihr eigenes Recht beanspruchen, statt es vom Bischof zu nehmen, habe ich ihnen diese Urkunde über die darin beschriebene Schenkung als genügendes Zeugnis überlassen. Und damit die Erinnerung an diesen Vorgang durch alle Zeit erhalten bleibt, habe ich mit eigener Hand unterschrieben und sie mit dem Abdruck meines Siegels bekräftigt, wie unten zu erkennen ist.

Gegeben ist diese Urkunde am 13. September im Jahre der Menschwerdung des Herrn 1084, im 12. Jahr, in dem der besagte Bischof der Stadt vorsteht, dessen Unterschrift die folgende ist.

1090 bestätigte Kaiser Heinrich IV., als er sich in der Stadt aufhielt, die Urkunde des Bischofs. Den Juden wurde gestattet, innerhalb des Reiches Handel zu betreiben. Die kaiserliche Bestätigung gewährte den Juden Schutz und Handelsfreiheit, um ihre wirtschaftliche Situation sicherzustellen.

Die Bischofsstadt

Aus jüdischer Sicht liest sich die Ansiedlung in Speyer so:

Anfangs kamen wir nach Speyer, um unser Zelt aufzuschlagen – mögen diese Pflöcke niemals herausgerissen werden. Dies geschah in der Folge des Brandes, welcher in Mainz ausgebrochen war, der Stadt unseres Sitzes, der Stadt unserer Geburt, dem Orte unserer Eltern, der ältesten, gepriesensten und berühmtesten Gemeinde unter allen Gemeinden des Reiches. Das ganze Viertel der Juden brannte ab, auch die Gasse der Christen. Und wir waren in großer Angst vor den christlichen Stadtbewohnern. Damals kam ein Freund aus der Gemeinde von Worms, ein Buch in der Hand haltend, und sie glaubten, es wäre Gold oder Silber und erschlugen ihn. Das war im Jahr nach der Erschaffung der Welt 4605. Unser Rabbiner sagte zu den geängstigten Juden: Jetzt fürchtet euch nicht mehr, dieser wiegt alle auf [d. h. sein Tod wird den Verfolgern genügen]. *Und damals beschlossen wir, von dort auszuwandern und uns niederzulassen, wo wir eine befestigte Stadt finden würden. Vielleicht übt der Gnädige Gnade, erbarmt sich der Barmherzige, hilft der Hilfe Bringende, um uns am Leben zu halten, wie es jetzt wirklich ist.*

Der Bischof [Rüdiger Huzmann] *nahm uns freundlich auf, schickte sogar unseretwegen seine Obersten und Ritter* [als Geleit]. *Darauf wies er uns die Enden der Stadt an und versprach uns, uns mit einer Mauer mit Toren und Riegeln zu umgeben, um uns vor den Verfolgern zu schützen, indem uns diese als Festung dienen sollte. Und er liebte uns, wie ein Mensch sein Kind liebt. Wir verrichteten unser Gebet vor unserem Schöpfer morgens und abends Tag für Tag.*

1096 schützte Bischof Johannes I. die jüdische Gemeinde vor der Verfolgungswelle, die durch die Kreuzzugsbewegung ausgelöst worden war. 1103 nahm Kaiser Heinrich IV. auch die Juden in

Die bedeutende jüdische Gemeinde 41

Blick in den Eingang der noch erhaltenen Mikwe, des rituellen Frauenbads, das sich nur wenige Meter östlich der ehemaligen Synagoge und des Frauenbetraums befand.

den Allgemeinen Landfrieden auf. Um 1100 wurde von Handwerkern des Domes die Synagoge errichtet.

Die Stadt besaß neben Worms und Mainz eine der bedeutendsten jüdischen Gemeinden des mittelalterlichen Deutschlands und eine der bedeutenden Talmudschulen. Die Speyerer Juden pflegten weitläufige Verbindungen im Fernhandel. Aus der Familie Kalonymos stammten angesehene Verfasser religiöser Schriften. Als Zeugnisse des jüdischen Lebens sind die Ostwände der Männer- und Frauensynagoge und vor allem das rituelle Bad, die Mikwe, aus der Zeit um 1110 bis 1120 erhalten. Die Mikwe

Grabstein der Bluma bat Jakob, 1365. – Gut 45 jüdische Grabsteine aus der Zeit vor 1345 sind noch erhalten; der hier abgebildete Grabstein ist der erste Grabstein mit Ornamentik, einer Blume als sprechendes Zeichen der Verstorbenen. Der Friedhof der jüdischen Gemeinde lag in Altspeyer, damals vor den Toren der Stadt, wo auch Juden lebten. Er wurde bei Pogromen und nach Vertreibungen immer wieder geplündert.

ist das wichtigste erhaltene Baudenkmal der Speyerer Juden aus spätsalischer Zeit. Sie wurde wie die Synagoge von christlichen Bauleuten der Dombauhütte erbaut und zeugt für das Ansehen, das die Juden am Ende des 11. und Beginn des 12. Jahrhunderts in Speyer besaßen.

Das Zentrum der jüdischen Ansiedelung befand sich in der Umgebung der Synagoge. Die heutige Kleine Pfaffengasse hieß damals Judengasse, und die heutige Judengasse hieß ehemals Meischergasse. In unmittelbarer Nachbarschaft der jüdischen Einrichtungen befanden sich christliche Wohnhäuser und der Schönauer Hof, einer von mehreren Klosterhöfen in Speyer, wie sie vor allem Zisterzienserklöster unterhielten (Maulbronner Hof, Eußerthaler Hof); sie verkauften dort ihre überschüssigen landwirtschaftlichen Erzeugnisse an die Stadtbevölkerung. Weitere Bestandteile des Judenhofes waren: ein Versammlungs- und Tanzhaus, in dem der Judenrat zusammentrat und in dem die Feste der Gemeinde gefeiert wurden, bisweilen auch private Feste wie Hochzeiten, eine Herberge zur Aufnahme durchreisender jüdischer Kaufleute und Talmudstudenten, ein Warmwasserbad zur Körperreinigung vor der Benutzung der Mikwe, ein Brunnen für kleinere, häufigere Waschungen, eine eigene Metzgerei und eine Bäckerei, die zur Einhaltung der jüdischen Speisegesetze dienten.

Die soziale Situation der Juden verschlechterte sich in staufischer Zeit erheblich. Sie wurden durch das Verbot anderer Tätigkeiten zu dem Beruf des Geldverleihers gedrängt, den sie dann mit großem Erfolg ausübten. Im Unterschied zu den Christen war es ihnen erlaubt, Zinsen für entliehenes Geld zu nehmen. Waren die Juden für die bischöflichen Stadtherren in Speyer von besonderer Wichtigkeit gewesen, so wurden sie nunmehr für die Städte auf Grund weitreichender Verbindungen die Träger des Geldgeschäftes. Der wirtschaftliche Erfolg wurde jedoch für die Juden während des späten Mittelalters zur tödlichen Gefahr.

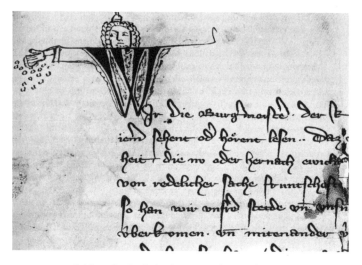

Geld werfender Jude als ausgemalte Initiale einer
Urkunde von 1352, mit der in Speyer wieder Juden in
der Stadt zugelassen wurden.

Durch die Verschuldung christlicher Bürger kam es zu massiven Judenverfolgungen. Vertreibungen wechselten mit Wiederzulassungen als Bewohner und Geschäftsleute ab, bis wohl am Anfang des 16. Jahrhunderts das jüdische Leben in Speyer praktisch völlig erlosch.

Der Chronist Christoph Lehmann berichtete in der ersten Auflage seiner Speyerer Chronik von 1612 über den Pogrom des Jahres 1349:

Die gantze Judenschafft in der Statt Speyr sampt Haab und Gütern verdirbt durch Fewers Brunst Anno 1349. Davon die Statt und Burger Schaden kommen. [...] Anno 1348 und im folgenden Jar ist in Italia, Franckreich unnd Teutschlandt ein sehr groß Volck von böser Infection verstorben, und auf die Juden Verdacht gewachsen, daß sie durch die Vergifftung der Brunnen unnd Wasser solche sterbende Läuff verursacht, Deßhalben man sie an etlichen orden zur Tortur gezogen, und als Theils auß Schmerzen der Marter des Bezichts gestanden, hat man ohne Underschiedt zu inen grieffen Mann, Weib unnd Kinder in den ReichsStätten am Rhein getödt, verbrennt unnd geradtbrecht, und hat deß gemeinen Pöfels grimmigs Wüten nicht gestillt werden können. Den Geschichtsschreiber Albert von Straßburg zitiert er darauf mit folgendem Bericht: *Zu Speyr haben sich die Juden in ire Häuser versamblet, dieselbe angesteckt unnd sich sampt Weib, Kindt, Haab und Gut verbrent, etliche seynd durch den gemeine Pöfel hingericht worden, Solchs ist geschehen em Sambstag nach der H. Drey König Tag Anno 1349. Die Todten sind hin unnd wider auff den gassen gelegen, etliche seynd der Brunst entflohen, und hernach getaufft worden. Die Burgerschafft zu Speyr hat sich besorgt, es möchte vom Gestanckn der todten Cörper der Lufft vergifft werden, darumb verschafft, daß man sie in leere Weinfaß geschlagen und in Rhein geworffen. So hat auch ein Rath verbotten, daß niemand in der Juden Häuser solle gehen, unnd die Judengassen beschlossen, hernach die Schätz und ubrige Verlassenschaft lassen ersuchen, unnd sagt man, daß ein stattlichs sey gefunden worden an Golt unnd Silber. Herzog Ruprecht zu Beyern gab den Juden, so von Speyr unnd Wormbs entkommen, zu Heidelberg Schutz und Underschleiff, deßgleichen Engelhart vom Hirschhorn zu Semesheym auch gethan. Deßhalben die Burger auß berürten Stätten ubel mit inen zufrieden gewesen. Aber die Stätt hab von den Steinen der abgebrochenen Judenhäusern, Judenkirchhöffen unnd Mawren darumb deßgleichen den Grabsteinen newe Thürn erbawet und die StattMawrn verbessert und erhöhet unnd die gefundene Schätz zu irer Stätt Nutzen verwendt.*

Das Lied des Rabbi David Bar Meschullam

Von der Verfolgung des Jahres 1349 zeugt ein aus Speyer stammendes, höchst eindrucksvolles Klagelied (hebr. *Selicha*) des Rabbi David Bar Meschullam. Das Lied wurde noch bis in die dreißiger Jahre des 20. Jahrhunderts in den jüdischen Gottesdiensten in Deutschland und Polen gesungen, bis durch die Vernichtung der Juden durch die Nationalsozialisten der Gedanke des *Kiddusch ha-Schem* (»Heiligung des Namens Gottes«) im Judentum in der bisherigen Form nicht mehr bestehen bleiben konnte. Der Anfang des Liedes lautet:

Herr, werde nicht still über mein Blut! /
Schweige nicht und ruhe nicht gegen meine Feinde! /
Suche mein Blut und fordere es aus der Hand meiner Verfolger! /
Bedecke nicht die Erde an der Stätte, an der es vergossen wurde!

Auf dem Weg zur Reichsstadt

Auseinandersetzungen zwischen Bischof und Stadt

Die geistliche Prägung der Stadt Speyer war kein Indiz für ein einträchtiges Zusammenwirken von Bischof und Bürgerschaft, von »geistlichem und weltlichem Regiment«. Ganz im Gegenteil: Jahrhundertelang kennzeichneten Auseinandersetzungen das Verhältnis zwischen Bischof und Stadt. Sie resultierten zunächst aus den Bestrebungen der Speyerer Bürgerschaft, sich der Herrschaft

Stadtsiegel von 1263. – Die besondere Bedeutung des Domes für Speyer spiegelt auch das Stadtsiegel wider, das sowohl den Dom als auch die Gottesmutter Maria mit Kind, der der Dom geweiht wurde, zeigt.

des Bischofs, der zugleich auch Stadtherr war, zu entledigen. Dieser Prozess begann mit dem kaiserlichen Freiheitsbrief von 1111. Aufgrund des im 12. und 13. Jahrhundert einsetzenden Verlusts bischöflicher Herrschaftsbefugnisse kam es zwischen dem Bischof und der Stadt Speyer zu heftigen Konflikten. Während mit der steigenden Bedeutung des Rates als städtisches Selbstbestimmungsinstrument die Eigenständigkeit der Stadt beständig zugenommen hatte, lagen die wirtschaftlich bedeutsamen Rechte immer noch in der Hand des Bischofs: Gemeint sind damit das Recht auf Abgabenerhebung und auf Münzprägung. Das Domkapitel dagegen als eigenständige Institution und somit dritte Kraft in Speyer behauptete seinerseits seine Rechte gegenüber dem Bischof und auch gegenüber der Stadt, darunter das einnahmeträchtige Schankrecht.

Die Grenze zwischen städtischer und bischöflicher Hoheit markierte der in den Ratsprotokollen von 1145 erstmals erwähnte Domnapf, an dem 1490 erstmals die Inschrift angebracht wurde, die seine Funktion erläutert: *Was will, so überlegst du, dieser Napf, hohl wie eine Schale. / Wenn ein neuer Bischof in Begleitung der Schar der Vornehmen / zu Pferde diese Stadt betritt, so gießt er hier hinein Bacchus' Geschenke. / Vor dem Tempel der Jungfrau steht er gleichzeitig als Ende und Grenze / der Kirchen und des Klerus, als Asyl der Freiheit / und wird Zuflucht, Hafen und Altar für die Angeklagten.*

Die Inschrift ist mit der Jahreszahl der ersten Anbringung versehen sowie mit dem Wappen des Bistums Speyer (Richtung Stadt) und des Bischofs Ludwig von Helmstatt (Richtung Dom).

Sie erklärt den Domnapf als Ort der Weinspende eines neu einziehenden Bischofs an die Bürger, als Grenzstein zwischen Stadt und Domhoheit und als Asylort für Angeklagte. Außerdem diente er der Stadt als Ausgangspunkt für Strafmaßnahmen, wie die Monatsrichterordnung der Stadt vom 2. Juni 1314 zeigt: *Eine Frau, die eine Strafe für Worte oder Werke bekommt und die*

Der Domnapf vor der Westfassade des Speyerer Doms. –
Zu hohen feierlichen Anlässen wird der Domnapf auch heute noch
mit Wein gefüllt. Sein Fassungsvermögen beträgt 1580 Liter.

Strafpfennige nicht bezahlt, soll einen Stein, der dazu gemacht ist, vom Napf bis an das Altburgertor [das heutige Altpörtel] *tragen, ohne Mantel und unbekleidet zwischen Prim und Sext* [also vormittags].

Am Karfreitag des Jahres 1277 brach ein regelrechter Aufstand der Speyerer Bürger gegen den Bischof aus, in dessen Verlauf der Domdekan Albert von Mußbach auf seinem Weg zum Dom erschlagen wurde. Der Domdekan galt als unerbittlicher Verteidiger der geistlichen Sonderrechte. Der damals regierende Bischof Friedrich von Bolanden (gest. 1302) gab in diesem Konflikt nach und schwor im April 1280, sämtliche Privilegien der Stadt zu achten sowie alle Maßnahmen, die der Stadtrat beschließen würde, zu respektieren. Damit erkannte der Bischof zum ersten Mal vorbehaltlos die Rechte der Stadt und die Unabhängigkeit des Rats an. Das Verhältnis blieb jedoch weiterhin gespannt. Dabei nutzten die Bischöfe bisweilen auch Streitigkeiten der Ratsfamilien untereinander, um ihrem jeweils eigenen Kandidaten in den Rat zu verhelfen.

König Rudolf von Habsburg versuchte 1284 zwischen den Parteien zu vermitteln, doch war die erzielte Einigung nur von kurzer Dauer. Nach massiven Vorwürfen gegen Bischof Friedrich von Bolanden, dem schwerste Amtsverletzungen gegenüber der Stadt vorgehalten wurden, schloss dieser am 31. Oktober 1294 mit der Bürgerschaft einen Vertrag, um die Auseinandersetzungen zu beenden. Der Bischof verzichtete auf sein Steuererhebungsrecht, seine polizeiähnlichen Befugnisse und die Bestellung der städtischen Beamten und Gerichtsherren. Er durfte sie künftig nur noch bestätigen. Damit schränkte er seine Herrschaft über die Stadt wesentlich ein und erkannte die administrative und jurisdiktionelle Selbstständigkeit der städtischen Führung sowie ihrer Organe an. Die Stadt hatte aufgehört, im bisherigen Sinne Bischofsstadt zu sein; sie war auf dem Weg, Reichsstadt zu werden. Deshalb hielt sich der Speyerer Bischof nur noch selten in

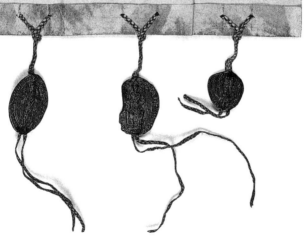

Urkunde vom 31. Oktober 1294 mit den Siegeln von Bischof Friedrich von Speyer, Bischof Konrad von Tul und Abt Johann von Himmerod. Mit dieser Urkunde verzichtete der Speyerer Bischof auf sein Steuererhebungsrecht, herrschaftliche Befugnisse und auf die Bestellung städtischer Beamte. Die städtische Selbstverwaltung war damit anerkannt.

Speyer auf, wo seine Anwesenheit auf den engen Bereich um den Dom beschränkt war. Der Domnapf war die Grenze seines Herrschaftsbereiches zur Stadt hin und erinnerte ständig an die bischöfliche Niederlage.

Noch einmal kam es 1291 zu einem besonderen Begräbnis im Dom, als König Rudolf von Habsburg beigesetzt wurde. Sein hohes Ansehen, das er sich aufgrund der Wahrung des Landfriedens erworben hatte, führte nach seinem Tod zu zahlreichen Legenden, u. a. zu der Sage von seinem Grabritt, die von Dichtern wie Justinus Kerner, H. J. Fried und Martin Greif in Verse gefasst wurde.

Die Konflikte verschärfen sich: das 14. Jahrhundert …

Um die Jahreswende 1301/02 lebten die Spannungen zwischen Klerus und Bürger von neuem auf. Aus Angst vor Verfolgung durch die Bürger war ein Teil der Dompfründner aus Speyer geflüchtet. Auch das Domkapitel hielt keinen Gottesdienst mehr im Dom; es verließ die Stadt und suchte Schutz in Lauterburg. Dort wurde eine vom Domkapitel gegen die Speyerer Bürger gerichtete Wahlkapitulation verfasst und festgelegt: Der zu wählende Bischof durfte ohne Zustimmung des Domkapitels keine Übereinkunft mit der Bürgerschaft treffen und sollte die Selbstständigkeitsbestrebungen der Stadt mit allen Mitteln bekämpfen. Alle Zugeständnisse und Privilegien Bischof Friedrichs für die Speyerer Bürger waren zu widerrufen; der Bischof sollte versuchen, sein Recht auf die Besetzung des Stadtrats wieder zu erlangen.

Der Nachfolger Friedrichs von Bolanden (gest. 1302), Bischof Sigibodo von Lichtenberg (1302/03-1314), lehnte es zunächst ab, der Speyerer Bürgerschaft die Rechte zu bestätigen, die sie seinem Vorgänger abgerungen hatte. Die Bürger verweigerten ihm daraufhin die Huldigung und den feierlichen Einzug in die Stadt. Sigibodo untersagte daraufhin den Gottesdienst und traf kriegerische Vorbereitungen. Es entwickelte sich eine Fehde zwischen Bürgerschaft und Klerus, die fast sieben Monate dauerte. Die Geistlichkeit musste schließlich nachgeben. Am 4. Oktober 1302 kam ein Vertrag zustande, in dem die Bürger fast alle ihre Forderungen gegenüber dem Bischof durchsetzen konnten. Nach langen Verhandlungen und erst durch Vermittlung König Albrechts ließ sich der Bischof dazu bewegen, die Privilegien der Stadt zu bestätigen. Er musste des Weiteren versprechen, sich mit allen vom Rat festgesetzten Anordnungen zufrieden zu geben, und – gegen seine Wahlkapitulation – die von Bischof Friedrich gemachten Zugeständnisse zu wiederholen. Damit verzichtete der Bischof auf alle Ansprüche bischöflicher Stadtherrschaft und erkannte die Herrschaftsrechte des Rates in Speyer an.

Die Komplexität des Rechtsverhältnisses zwischen Bischof und Stadt spiegelt das Zeremoniell beim Einzug eines neuen Bischofs in die Stadt wider, das Christoph LEHMANN auf der Grundlage einer alten Urkunde beschrieb:

Auf den Tag des Einritts reiten der regierenden Bürgermeister einer sampt den Altermeistern und andern der Stadt zugehörigen sampt den Reisigen, unter denen der Hauptmann der Stadt Paner führt, mit Drommeten alle in guter Ordnung entweder gerüst oder wol gebutzt aus dem Rath-Hof ... Wenn der Fürstliche Zeug am heiligen Creutz-Thor ist, steigen Ihro Fürstl. Gnaden der Herr Bischoff ab, begeben sich in den nächsten Garten in eine Behausung, legen daselbst seine zierliche Kleidung an und lassen ihre Gegenwart durch Dero Adelichen Beampten einen vermelden und fragen, wie stark man dieselbe zum ersten wolle einlassen. Antwort der Bürgermeister mit der Anzahl, wie man sich verglichen, dieselbe ist auffs Höchst funffzig Pferd darauff die, so auff und an das Thor bestellt, acht haben, daß über die bestimmte Zahl keiner hinein komme. So Ihr. Fürstl. Gnaden damit eingezogen und das Thor wieder beschlossen, theilt sich die Reuterey auff dem geraumen Platz ab und biethen Ihr. Fürstl. Gnaden, den Burgermeistern und Dero zugeordneten die Händ, und spricht der Burgermeister Ihr. Fürstl. Gnaden nach altem Herkommen folgenden Inhalts an: Hochwürdiger Fürst, Gnädiger Herr, Eure Fürstliche Gnaden seynd ingedenck, was zwischen Derselben und einem E[hrwürdigen] Rath E[wer] Fürstl. Gn[ädigen] Einritts halben abgehandelt worden, wofern nun Dieselbe darum da einem Rath der Stadt und den Bürgern zu Speyr ihre Freyheit, Privilegien und Recht mit besiegeltem Brieff und Huldigung, als sich gebührt und E. Fürstl. Gnaden Vorfahren auch gethan, zu betättigen, sie auch bey Recht und Freyheit bleiben zu lassen und ihnen darüber besiegelte Confirmation zu übergeben, so will darauf E. Fürstl. Gnaden ein E. Rath einlassen, empfahen und alles dasjenige tun, was sich gebührt und derselben Vorfahren auch gethan haben. Antworten Ihr Fürstl. Gnaden mit: Ja, sie seyen darum da. Darauff wird von deren Räthen einem dem Stadtschreiber der Confirmation-Brieff übergeben, welchen derselb öffentlich vorm gantzen Umstand klar und verständlich abliset. Darneben wird von der Stadt Advocaten einem des abgestorbenen Herrn Bischoffs Confirmation-Brieff abgehört.

Wenn denn der alt und neu Brieff gleichlautend befunden, so redt der Bürgermeister ferner: Gnädiger Fürst und Herr, was der verlesen Brieff innhält, das wollten E. Fürstl. Gnaden mit Hulden (oder mit Legung der Rechten auff die lincke Brust) bestättigen. Antword Ihr Fürstl. Gnaden: Was sie einem Rath und der Stadt Speyr zugesagt und mit Brieffen bestättigt, das wollen sie treulich halten (legen die rechte Hand auff die lincke Brust), als Ihr Gott helfe.

Wenn diß also zwischen den beschlossenen Thoren verricht, gibt der Burgermeister Losung, den Bischofflichen reisigen Zeug, so vorm Thor, biß die Huldigung geschehen, gehalten, einzulassen, nach der Zahl, deren man sich verglichen, auffs höchst 350, und nicht darüber. [...] und wird das Thor nach denselben wieder beschlossen. Auff solches wird auff gegebene losung das zweyte Thor bey Sanct Gilgen geöffnet, und wann der gantze Zeug durch die Vorstadt (darin etliche Rotten aus der Bürgerschafft und nach Gelegenheit auch frembde Soldaten in Rüstung mit ihren Spielen gestellt seyn) an das Altburg-Thor kommt, beschleust man wieder das Thor zurück und hält man daselbst biß auff des Regierenden Burgermeisters, so in der Stadt ist, ertheilte Losung. Alsdann eröffnet man das Altburg-Thor und zeucht der Stadt Reuterey vorher, die Fürstliche hinnach, theils der Bürgerschafft haltend an den Schlägen und Ketten der Straßen in der Stadt, die Rotten sämptlich in einer Schlacht-Ordnung auf dem Marck in ihrer Rüstung, sampt etlichen groben Geschützen. Auffm Marck vor eines Raths oder Bürgers Behausung, wie sichs fügt, werden Schrancken geschlagen, daß sich niemand kann eindringen. Daselbst wartet der Bürgermeister, so in der Stadt verblieben, sampt etliche Zugeordneten des Raths und bey denselben steigen der regierende und zween alte Burgermeister und Stadtschreiber, so geritten, ab und theilen sich die reisigen auf die andere Seite des Marckts gegenüber. Inwendig den Schranken steigen Ihr Fürstl. Gn. der Herr Bischoff ab, gehen in die Behausung und werden daselbst vom anderen Burgermeister ohngefählich mit solchen Worten empfangen: Hochwürdiger Fürst, Gnädiger Herr, Bürgermeister und Rath dieser Stadt seynd E. Fürstl. Gn. glücklichen Ankunfft insonders erfreuet, lassen dieselbe unterdienstlich empfahen und seynd der Zuversicht, es werde derselben Einritt gemeiner Stadt zu Nutz und Wolfahrt gereichen, wie sie sich zu Ihrer Fürstlichen Gnaden gnädigen und nachbarlichen Willens ohnzweiffenlich getrösten mit unterdienstlicher Bitt, Sie wollen gemeiner Stadt jederzeit mit Gnaden gewogen bleiben. Darauff sich Ihre Fürstliche Gnaden gnädig erbieten. Nach solchem bekleiden sie sich in ein weiß Rocket, gehen darnach zwischen den Burgermeistern aus der Behausung, und vor und hernach die Fürstlichen Hof-Junckern, Räthe, Beampte und andere zum Münster. Beym Napff gegen dem Münster nehmen die Burgermeister von Ihrer Fürstlichen Gnaden ihren Abschied und verfügen sich in Rath-Hof gegen über.

Noch war die Eigenständigkeit der Reichsstadt nicht endgültig gegenüber dem Bischof verteidigt, als die Machtkämpfe zwischen Hausgenossen und Zünften um die Besetzung des Rates erneut aufflammten und 1330 mit dem so genannten Severinsaufruhr einen Höhepunkt erreichten, der sich im Gedächtnis der Stadt niederschlug und 1349 zur Einführung einer reinen Zunftverfassung führte: Seit einer Verfassungsänderung von 1327 saßen im Rat fünfzehn Hausgenossen sechzehn Zunftvertretern gegenüber. Diesen Machtverlust wollten die Hausgenossen, die zuvor den Rat allein besessen hatten, nicht hinnehmen und planten, die Stadt mit militärischer Hilfe verbündeter Adelsfamilien zu unterwerfen und die Zunftvertreter für deren Anmaßung zu bestrafen. Durch eine rechtzeitig eingegangene Warnung misslang der Aufstand in der Nacht vom 22. auf den 23. Oktober (St. Severinstag) und endete nach der Vermittlung verbündeter Städte (darunter Straßburg und Worms) mit einem Sühnevertrag, der zunächst die Ratsbesetzung 14:14 festlegte, die Spannungen zwischen den beiden Machtblöcken aber nicht zu lösen vermochte. In dem sehr bewegten und die Bürger bewegenden Jahr 1349, das durch eine drohende Pest, das Auftauchen von Geißlern, die Verfolgung der jüdischen Gemeinde und einen für eine Reichsstadt stets gefährlichen Thronstreit zwischen Wittelsbachern und Luxemburgern gekennzeichnet war, wurde den Hausgenossen die Schuld an einer Münzverschlechterung angelastet, durch die großer wirtschaftlicher Schaden entstanden war. Diese Gelegenheit nutzten die Zünfte, um die Hausgenossen politisch auszuschalten und auf den Rang einer einzigen Zunft neben vierzehn anderen herabzustufen.

… und bleiben weiter bestehen: das 15. Jahrhundert

Zu Beginn des 15. Jahrhunderts entstanden in Speyer erneut, wie in anderen rheinischen Städten, beispielsweise in Worms und in Mainz, heftige Auseinandersetzungen zwischen Rat und Bischof, der sich um die Wiederherstellung seiner einstigen stadtherrlichen Rechte bemühte. Bischof Raban von Helmstatt (1396-1430), Kanzler und Berater des pfälzischen Kurfürsten (seit 1398) und deutschen Königs (seit 1400) Ruprecht, versuchte ebenso wie später Bischof Matthias von Rammung (1464-1478), die Stadt Speyer wieder unter die Herrschaft der Bischöfe zu bringen. Der 1422 unternommene Versuch Rabans misslang ebenso wie derjenige Rammungs im Jahr 1466. Dank einer geschickten Bündnispolitik, aber in erster Linie durch schwere finanzielle Lasten gelang es der Stadt, ihre Freiheit zu bewahren, anders als etwa Mainz, das als einstige Reichsstadt 1460 wieder der bischöflichen Hoheit unterworfen wurde. Die Streitigkeiten zwischen dem Bischof und dem Rat bewirkten allerdings einen politischen und wirtschaftlichen Niedergang Speyers.

Seit 1443 war die Reichsstadt in einen Schutz- und Schirmvertrag mit der Kurpfalz eingebunden. Die Stadt gewann gegen Ende des 15. Jahrhunderts wieder wirtschaftlich an Bedeutung. Die allgemeine Bevölkerungsbewegung um und nach 1500 wirkte sich auch auf Speyer aus, das eine hohe Zuwanderung verzeichnen konnte. Diese Entwicklung wurde durch die hier abgehaltenen Reichs- und Städtetage noch gefördert. Zudem wurde auf dem Reichstag von 1526 die Verlegung des Reichskammergerichtes (bis 1689) und des Reichsregimentes (bis 1530) nach Speyer beschlossen.

palatium episcopi

Die Pfalz der Bischöfe war im hohen Mittelalter mit der Königspfalz identisch; dies ist einer Randnotiz der gegen Ende des 11. Jahrhunderts in St. Blasien entstandenen Chronik zu entnehmen, worin es heißt, dass sich die Speyerer Juden bei der Verfolgung von 1096 in die Pfalz des Königs und des Bischofs geflüchtet hätten. Die Entstehung dieser Pfalz dürfte in die Jahre zwischen 1039/40 und 1044/46 zu datieren sein. Die Bischofs- und Königspfalz hatte in salischer Zeit große Bedeutung: Hier sind um die Mitte des 11. Jahrhunderts die Ansätze zu einem salischen Hausarchiv entstanden, nach 1065 Teile der Reichskleinodien verwahrt worden, und am Ende des 11. Jahrhunderts bestand auch eine Zentrale der bischöflichen Finanzverwaltung. In der Zeit des Interregnums vom Tod Konrads IV. 1254 bis zur Wahl Rudolfs von Habsburg 1273 ging die Speyerer Pfalz in den alleinigen Besitz der Bischöfe über. Seit 1262 wird sie in den Quellen nur noch als *palatium episcopi*, als Pfalz des Bischofs, bezeichnet.

Die Pfalz des Bischofs

Wie die hochmittelalterliche Bischofs- und Königspfalz aussah, die – mit Veränderungen – bis ins frühe 17. Jahrhundert Bestand hatte, ist nicht genau bekannt. Auf einer Zeichnung von 1613 ist ein langgestreckter dreigeschossiger Bau zu erkennen, der vom nordöstlichen Domturm bis zur Stadtmauer am Rande des

Domhügels reicht. Die Pfalz ist mit ihrer nach Westen gerichteten Vorderfront zu sehen. Im Winkel zwischen Nordostturm und nördlichem Querhaus des Domes befindet sich der doppelstöckige Verbindungsbau zwischen Dom und Pfalz. Von den 1619 unter Bischof Philipp Christoph von Sötern begonnenen Um- und Neubauten im Renaissancestil ist auf dieser Zeichnung noch nichts zu erkennen. Vor der Pfalz befindet sich der so genannte Freithof, der Ort, an dem der neu ernannte Bischof während des gesamten späten Mittelalters im Anschluss an seinen feierlichen Einzug in die Stadt die Huldigung der Bürgerschaft entgegennahm und die von ihm abhängigen städtischen Ämter verlieh.

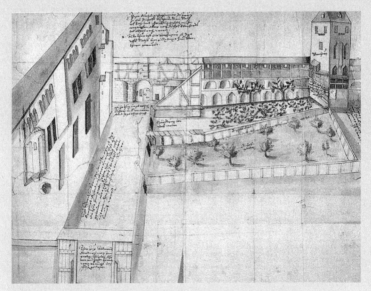

Die älteste Abbildung der Bischofspfalz, entstanden 1613: links die Pfalz, deren Rundbögen im obersten Geschoss und der hervorspringende halbrunde Erker romanische Formen aufweisen, rechts im Hintergrund die Stadtmauer mit Wehrgang bis zum Udenturm

Die Bischöfe von Speyer mussten – wie auch andere geistliche Fürsten am Rhein – zu Beginn des späten Mittelalters im Konflikt mit der auf Autonomie bedachten Bürgerschaft Speyers aus der Bischofsstadt weichen. Die alte, aus der Zeit der Salier stammende so genannte Bischofspfalz (Residenz des Bischofs) nordöstlich des Domes stand von nun an leer.

Mit dem Auszug der Bischöfe aus der Stadt Speyer (1294/1302) verlor die Pfalz ihre Funktion als bischöfliches Residenzschloss. Die Pfalz war nun nicht mehr ständig bewohnt; ihr Zustand wird um die Mitte des 14. Jahrhunderts als verwahrlost bezeichnet. Verschiedentlich war sie verpfändet gewesen. Dennoch scheint 1448 ihr baulicher Zustand so gut gewesen sein, dass darin der Mainzer Erzbischof anlässlich eines Fürstentags residieren konnte. 1450 wurde beim Brand des Domes auch die Pfalz beschädigt; doch waren die damals entstandenen Schäden spätestens 1454 wieder behoben.

Dass die bischöfliche Pfalz im 15. Jahrhundert erheblich an Bedeutung verloren hatte, zeigt ein Inventar von 1464. Ihre Ausstattung ist ähnlich karg wie diejenige in kleineren Schlössern des Hochstifts, etwa Deidesheim oder Jockgrim. Die Pfalz wurde nur noch selten benutzt, beispielsweise beim feierlichen Einzug eines neuen Bischofs in die Stadt.

Die Bevorzugung eines bestimmten Aufenthaltsortes lässt sich für die Bischöfe des 13. und 14. Jahrhunderts nicht feststellen. Zunächst dürfte wohl Bruchsal die Funktion einer Pfalz übernommen haben. Erst unter Bischof Raban von Helmstatt (1396-1439) tritt Udenheim als der am häufigsten belegte Ausstellungsort bischöflicher Urkunden hervor, so dass von einem dauernden Wohnsitz des Bischofs in der Udenheimer Burg ausgegangen wwerden kann. Udenheim befand sich bereits seit 1316 im Besitz der Speyerer Bischöfe. 1338 konnte Bischof Gerhard von Erenberg die Stadtrechte für Udenheim erwirken.

Handel und Gewerbe im späten Mittelalter

Speyer erlebte einige Schritte des Übergangs zur Neuzeit wenn auch unbewusst, so doch hautnah mit. So wurde die Stadt 1471 durch die Druckereien von Peter Drach sowie von Johann und Conrad Hist zu einem der ersten zehn Druckorte des Reiches und zu einem der ersten zwanzig überhaupt, und es waren nicht wenige Speyerer unter den Verbreitern der »Schwarzen Kunst«, so z. B. in Venedig. Der erste Postweg des Reiches, der von Franz von Taxis 1490 eingerichtet wurde, führte durch Speyer. Die

Druckermarke von Peter Drach dem Älteren in einem Buch von 1478. – Die Drachs bildeten eine Druckerdynastie: drei Generationen führten das Unternehmen, in dem vor allem Predigt- und Gebetbücher, Missale, aber auch Gesetzestexte und -kommentare verlegt wurden.

Poststation musste jedoch im gegenüberliegenden Rheinhausen untergebracht werden, weil der Rat der Stadt Speyer das ständige Offenhalten der Stadttore ablehnte.

Der Bedeutung als Marktzentrum mit der bedeutenden Marktstraße, der heutigen Maximilianstraße, und weiteren Märkten in und außerhalb des Stadtgeländes entsprach die Entwicklung des Außenhandels: Als bescheidene Messestadt konnte sich Speyer etablieren, besonders seit Friedrich II. 1295 die Herbstmesse begründet hatte. Diese hat sich bis in die Gegenwart als Jahrmarkt erhalten. Ihre Gründungsurkunde lautet:

Friedrich von Gottes Gnaden Römischer Kaiser, [...] König von Jerusalem und Sizilien. Bisher schon sind an geeigneten Plätzen allgemeine Märkte eingerichtet, so dass das allgemeine Wohl, soweit und so umfassend der menschliche Fleiß dafür verantwortlich ist, durch regelmäßig abwechselnde Märkte sichergestellt ist. Ausgehend davon glauben wir, für den Nutzen der Untertanen sorgend, ebenso die grundliegenden Anliegen der Menschen und ihre Sorgen durch wohlwollende Umsicht voraussehend, dass die Stadt Speyer geeignet und geschätzt ist, beiderseitigem Nutzen zu dienen und bestimmt werden muss, jährlich eine allgemeine Messe vom Fest der heiligen Apostel Simon und Judas [28. 10.] durch 15 aufeinanderfolgende Tage hindurch abzuhalten, wobei wir festlegen, dass ebendort unter unserem und des Reiches Schutz ebenso die benachbarten wie die weiter entfernt wohnenden Leute zusammenkommen mit ihren Waren, um, wie es üblich ist, gemeinsam nützliche Geschäfte zu treiben, während an denselben Tagen für die benachbarten Märkte keine Möglichkeit bestehen soll, diese besondere Begünstigung zu schmälern. Deswegen beauftragen, befehlen und bestimmen wir, unter Bestätigung dieser Anordnung durch die Anwesenden, dass alle, die der Nutzen des Handels, der dort getrieben werden soll, und die Vorteile der Messe anreizt, soweit sie am benannten Platz zur benannten Zeit unter unserem und des Reiches Schutz geleitet werden, mit ihren Waren, Handelsgütern und sonstigem Besitz, den sie üblicherweise für den Handel und zum allgemeinen Nutzen mit sich führen, frei und ungehindert zusammenkommen, um die obengenannte Messe abzuhalten, und dass allen, die zu ihr kommen, sich bei ihr aufhalten und zu ihr zurückkehren, sichere Ruhe [...] garantiert werde, und was sie an Personen [...] mit sich führen, in jeder Hinsicht unverletzt bleibe und niemand wage sie anzugreifen oder bei irgendeiner Gelegenheit ihnen irgend einen Schaden zuzufügen, bis sie zu dem eingegrenzten Ort kommen und unter demselben, unserem und des Reiches Schutz unversehrt in ihre Heimat zurückkehren. [Jeder soll wissen, dass] *jeder, der unserem Auftrag leichtfertig zuwiderhandelt, in unsere und des Reiches Ungnade und Bestrafung fällt, diejenigen aber, die Friede und Unversehrtheit bewahren, die Gnade unserer Unterstützung erhalten. Zum künftigen Gedächtnis dieser Sache und ihrem festen Bestand befehlen wir, die vorliegende Urkunde auszufertigen und mit dem Siegel unserer Majestät zu bestätigen. Gegeben zu Verona, im Jahre nach der Fleischwerdung unseres Herrn 1245, im Monat Juli.*

Wohl im 14. Jahrhundert war eine Frühjahrsmesse hinzugekommen. Zu den wichtigsten in Speyer gehandelten Gütern gehörten Wein, Tuch und Holz. Die Stadt selbst war geprägt von kleinen und mittleren Kaufleuten.

Im Zeichen der Glaubenskämpfe

Ehre und Belastung zugleich: die Reichstage

Die Speyerer Reichstage des 16. Jahrhunderts waren zweifelsohne Höhepunkte in der Stadtgeschichte. Ihre Ausrichtung bedeutete für die Stadt gleichermaßen hohe Ehre wie große Belastung. Einerseits wurde im 16. Jahrhundert in Speyer mehrfach über die Geschicke des Reiches entschieden, andererseits bedeutete der Einzug der Fürsten und ihres riesigen Gefolges, die alle verpflegt und ihrem Rang gemäß beherbergt sowie unterhalten werden mussten, auch regelmäßig Teuerungen, gegen die die ebenso regelmäßigen Verordnungen des Rates nichts ausrichteten, und einen enormen logistischen Aufwand. In den konfessionellen Auseinandersetzungen der Zeit spielten die Reichstage von 1526 und 1529 *die* entscheidende Rolle. 1526 wurde in Speyer ein Aufschub für die Durchführung des Wormser Edikts – auf dem Wormser Reichstag von 1521 war über Martin Luther die Reichsacht verhängt worden – erreicht: Jeder Reichsstand könne in der Frage der Wahl des Bekenntnisses bis zu einem Konzil so verfahren, wie er es vor Gott und dem Kaiser zu verantworten glauben könne. Damit war es den Reichsständen gestattet, in ihren Territorien die Reformation einzuführen. Die Aufhebung des Beschlusses von 1526 und scharfe Maßnahmen zur Aufrechterhaltung der alten kirchlichen Ordnung verlangte dagegen König Ferdinand, der jüngere Bruder und Statthalter Kaiser Karls V., auf dem Speyerer Reichstag von 1529. Die Mehrheit der Reichsstände stimmte dem zu und fasste einen entsprechenden Abschied. Gegen diesen Reichstagsabschied protestierte eine Minderheit von Reichsständen, die sich zur Reformation bekannten, unter Führung von Hessen und Kursachsen. Sie erklärte den Abschied für ungültig, weil in Religionssachen jeder Reichsstand für sich selbst einstehen müsse und deshalb Mehrheitsbeschlüsse keine Verbindlichkeit hätten. Auf dem Protest von Speyer im Jahr 1529 basiert der Name der Protestanten. Der Speyerer Reichstag von 1529 ging »als Geburtsstunde des protestantischen Glaubens« in die Geschichte der Reformation ein.

Speyer als Gastgeber unterschrieb – wie auch die Kurpfalz – den Mehrheitsbeschluss. Die pfälzischen Landesherren und Städte zählten auf dem Speyerer Reichstag von 1529 noch zur katholischen Reichstagsmehrheit. Zwei unversöhnliche Religionsparteien verließen damals den Speyerer Reichstag. Eine Konfrontation zwischen den beiden Lagern blieb zunächst noch aus.

Der Reichstag von 1570, der letzte der in Speyer stattfand, überstieg die Möglichkeiten der Stadt und bereitete ihr große Versorgungsschwierigkeiten. Speyer zählte damals rund 7900 Einwohner. Im Laufe des 16. Jahrhunderts war die Bevölkerung von etwa 7000 auf etwa 8000 Einwohner angewachsen.

Eine neue Lehre hält Einzug in die Stadt

Im Bistum Speyer fanden die Gedanken der Reformation relativ früh Eingang. So war Martin Bucer (1491-1551), der in der Pfalz wirkte, neben Martin Luther und Philipp Melanchthon, der in der Kurpfalz geboren war, wohl der bedeutendste der deutschen Reformatoren. In der Pfalz wären des weiteren Johann Bader und Johannes Schwebel zu nennen. Nicht als Theologe, aber als entschiedener Vertreter der Reformation nahm auch Franz von Sickingen, ein Schwager des Speyerer Bischofs Philipp von Flersheim, Einfluss auf die Entwicklung in der Region. Die Speyerer Bischöfe selbst hatten schon seit langem die Versäumnisse des Klerus, namentlich in den Pfarreien, beklagt und zu einem würdigeren Lebenswandel und Dienst gemahnt. Auch das Zeugnis des Bartholomäus Sastrow, der Speyer 1542 besuchte und vom Dompropst berichtet, dass er zwar den römischen Dichter Terenz, nicht aber die Briefe des Apostels Paulus gelesen habe, weist Teile des Klerus als theologisch nicht ernsthaft aus.

In Speyer gab es schon bald viele Anhänger der neuen Lehre, so dass man 1529 bei der Prozession zum St. Guidostift nicht – wie vorher üblich – Andachtsbilder und Reliquien mitführte, um sie nicht dem Gespött auszusetzen. Der Speyerer Rat sympathisierte schon früh mit der lutherischen Lehre, ohne sich ihr zunächst anzuschließen. Erst auf Grund eines Gutachtens der so genannten Dreizehner am 27. November 1538 beschloss er, evangelisch gesinnte Prediger zu unterstützen, nachdem bereits in den 1520er Jahren Gottesdienste mit lutherischen Predigten und weiteren lutherischen Elementen in der Stadt abgehalten worden waren. An der Ägidienkirche predigte bereits seit 1532 der Karmeliterprior Anton Eberhardt, vom Magistrat als Prediger anerkannt, Luthers Lehre. Nun sollte auch der reformatorisch gesinnte Augustinerprior Michael Diller *nicht je zuweilen, sondern alle Sonntag frühe in seiner Klosterkirch dem Volk predigen*. Eberhardt und Diller wurden aber erst 1540 als lutherische Prediger angestellt. Das Jahr 1540 kann somit als das Reformationsjahr Speyers angesehen werden. Wie lange Eberhardt an der Ägidienkirche predigte, ist nicht genau nachzuweisen; jedoch war er spätestens 1543 nicht mehr dort. Nach Eberhardt kamen wieder katholische Priester in die Ägidienkirche. Während der Aufenthalte des Kaisers in Speyer 1541 und 1544 musste Diller seine Tätigkeit unterbrechen und nach dem Augsburger Interim (1548) die Stadt endgültig verlassen.

Die Folgen der reformatorischen Bewegung machten auch vor den Speyerer Klöstern nicht halt. Konnte noch 1538 das Augustinereremitenkloster als »Hort des alten Glaubens« bezeichnet werden, so verbreitete von dort aus der bereits erwähnte Prior Diller wenig später die lutherische Lehre. 1541 waren das Augustiner- und das Karmeliterkloster wohl schon nicht mehr besetzt, während im Dominikanerkloster noch 1544 Messe gehalten wurde. Der rheinisch-schwäbischen Augustinerprovinz gelang im Verlauf des Augsburger Interims (1548) – die Stadt Speyer nahm die Bestimmungen an – wieder eine provisorische Besetzung des Augustinerklosters. Im Dezember 1552 waren alle Speyerer Klöster offensichtlich wieder besetzt. Doch der Anspruch der Stadt auf die mittelalterliche Tradition der Güterverwaltung bei den Bettelorden, zu denen die Dominikaner und die Augustinereremiten zählten – es wurden dafür eigens weltliche Pfleger eingesetzt –, führte dazu, dass Klostergebäude zunehmend entfremdet, also für andere Zwecke genutzt wurden.

1540 kam es zur Einrichtung der – evangelischen – Ratsschule, die bereits 1525 nach Luthers Aufforderung an die Ratsherren der Städte geplant und zunächst im Dominikanerkloster untergebracht war. Sie war allerdings nicht nur aus konfessionellen Gründen notwendig geworden – unterrichtet wurde streng geschieden nach dem jeweiligen Bekenntnis –, sondern sie sollte auch der Domschule und den Stiftsschulen Konkurrenz machen, die seit dem Spätmittelalter einen starken Niedergang erfahren hatten. Die erste Schulordnung verfasste der erste Schulleiter, Johann Myläus aus Niederolm. Ein Auszug daraus verschafft einen Einblick in das Schulleben der damaligen Zeit:

Der Bürgermeister und der Rat der Kaiserlichen und Freien Stadt Speyer. Nachdem wir die Ordnung unserer Schule, die uns jüngst von Magister Mylaeus, deren Leiter, vorgelegt wurde, gesehen und gehört haben, haben wir beschlossen: »In [dieser Schule] *soll es vier Knabenklassen geben. Die erste* [umfasst diejenigen], *die bereits die Gesetze der Grammatik ungefähr beherrschen, die zweite diejenigen, die die Gesetze der Gram-*

matik gerade lernen, die dritte diejenigen, die gerade lernen, fließend zu lesen, und die vierte die Elementarschüler. Das folgende sollen die Jungen in den vier Klassen in höchstens vier Stunden täglich üben: Sie sollen jeden Morgen nach ihrer Ankunft in der Schule das Gebet des Herrn, den englischen Gruß, das apostolische Glaubensbekenntnis, die Zehn Gebote sprechen. An den Sonntagen sollen sie zu den Predigten des Augustiner-Priors geführt werden. Im übrigen sollen die Schüler der ersten Klasse morgens in der ersten Stunde täglich abwechselnd Rhetorik und Dialektik hören. Damit sie am besten ihren Stil üben, sollen sie, nachdem sie die Dialektik gehört haben, über Themen disputieren, die ihnen der Lehrer aufgibt; nachdem sie aber die Rhetorik gehört haben, sollen sie zu vom Lehrer vorgeschriebenen oder selbst erfundenen Thesen Briefe schreiben, wobei ihnen Briefe Ciceros oder Policians als Vorbild dienen dürfen. In der zweiten Stunde sollen sie aus den Dialogen des Erasmus folgende lesen: Monita Pedagogica, Pueralis Pietas, Senile Colloquium et Libellus de Civilitate Morium Puerorum. Dabei sollen die Regeln der lateinischen Grammatik geübt werden. Wenn aber über Erasmus' Wortschatz gelesen werden soll, dann in derselben Stunde, wenn ein Dialog des Erasmus zu Ende gelesen ist. In der dritten Stunde sind die Komödien des Terenz an der Reihe. Damit aber das Gedächtnis der Knaben nicht zu sehr mit Auswendiglernen belastet wird – schließlich kann nicht jeder alles – soll es genügen, dass sie wenigstens zwei Komödien im Jahr öffentlich vortragen. Vierte Stunde: Vergil, Aeneis. Die Knaben der zweiten Klasse mögen in der ersten Stunde die Grammatik Melanchthons hören, in der zweiten Stunde Deklinationen und Konjugationen, dann sollen sie sich im Vortrag Donats üben, in der dritten Stunde: Wortschatz des Erasmus; in der vierten Stunde: Cato und Aesop abwechselnd. In der dritten und vierten Klasse soll der Leiter nach den Vorschriften seiner Schulordnung vorgehen.

Weil alles, was nicht von Muße durchzogen ist und wo nicht zwischen den Anstrengungen auch Vergnügungen Platz haben, nicht von Dauer ist, bestimmen wir, damit das jugendliche Alter nicht unter den zu großen Mühen des Studiums zusammenbricht, dass vom Aufgang des Hundssterns [28. 7.] bis zum 11. August den Knaben von ihrem Lehrer soviel Erleichterung gewährt werde, dass sie an den genannten Tagen nur zwei Stunden Unterricht besuchen, eine am Vormittag und eine am Nachmittag, um angenehme Texte aus der feineren Literatur zu hören. Ebenso sollen sie zur Zeit der Weinlese 14 Tage vom Studium gänzlich befreit sein.

Und weil die Beschäftigung mit der Musik den Geist der Jugend meistens zur Fröhlichkeit ruft, gestatten wir, dass dieselbe jede Woche am Nachmittag des letzten Schultages eine oder zwei Stunde den Jungen der ersten und zweiten Klasse unterrichtet und mit angenehmen Liedern geübt wird. Eine tägliche Übung dieser Kunst, wie kurz auch immer, halten wir aber für dem übrigen Studium gegenüber eher für ein Hindernis, denn für eine Unterstützung. Für all das möge unser Schulleiter Johann Mylaeus mit der gewohnten Sorgfalt in der Schulleitung und beim treuen Unterrichten diesen Dienst und die erste Schulordnung als Grundlage nehmen.

Nach dem Augsburger Religionsfrieden (1555) ernannte der Rat wieder evangelische Prediger für die Augustinerkirche. 1570 kam mit dem Provinzial sogar eine vertragliche Vereinbarung über das Nutzungsrecht der Protestanten am Langhaus zu festgelegten Zeiten zu Stande. Ab April 1595 fand in der Franziskanerkirche erstmals eine evangelische Predigt mit Abendmahl statt. 1569 forderte der Stadtrat von den Dominikanern die Mitbenutzung der Konventskirche; dabei argumentierte man mit der Notwendigkeit, man wolle die Klostergebäude in rechten Gebrauch bringen, zumal die Protestanten der Stadt auf die Mitbenutzung angewiesen seien. Prior Heinrich Stehel und der einzig noch verbliebene Konventuale verwahrten sich dagegen; vergeblich hatte der Prior darauf hingewiesen, dass Kaiser Karl V. nach 1548 bereits die Stadt angewiesen hatte, die im Klosterbereich errichtete Lateinschule wieder zu entfernen. Doch konnte Kaiser Maximilian II. am 8. November 1570 auf dem Speyerer Reichstag die Dominikaner dazu bewegen, im Langhaus simultanen Gebrauch zuzulassen.

Nur mit äußerster Mühe konnten 1570 und ein Jahrzehnt später Bischof, Domkapitel und Orden das Franziskanerkloster (das Gebäude des heutigen Stiftungskrankenhauses) vor dem Zugriff der Stadt schützen. Bischof und Domkapitel dachten vorübergehend daran, die fast leerstehenden Gebäude den Jesuiten anzubieten. Seit Ende 1579 waren sowohl der Stadtrat wie auch der Bischof an einem Kauf des Klosters interessiert. Aufgrund des wirtschaftlichen und sittlichen Tiefstandes betrieb Bischof Marquard von Hattstein beim Reichskammergericht und in Rom die Aufhebung des Klosters und konnte tatsächlich am 9. Juli 1580 die päpstliche Inkorporation in seine Mensa erreichen, die Kaiser Rudolf am 12. September bestätigte; zugleich wurde auch das Kloster St. Klara dem Bischof unterstellt. Die Ordensleitung der Franziskaner allerdings beschloss, weder der Stadt noch dem Bischof das Kloster zukommen zu lassen, sondern es dem Orden zu erhalten.

Für die Klöster bedeuteten die Anwesenheit des Reichskammergerichts sowie die Reichs- und Deputationstage in der Stadt eine gewisse Rechtssicherheit. Die Furcht vor kaiserlichen Reaktionen ließ den Rat vor Enteignungen zurückschrecken. Mit Ergänzungen aus dem Provinzbereich gelang die Rettung der Speyerer Klöster. Die Karmeliter taten sich aber schwer, denn ihre zehn rheinischen Konvente wiesen 1548 nur noch 18 Konventualen auf, die Provinz der Dominikaner in Oberdeutschland zur gleichen Zeit nur noch zehn. Die Augustiner konnten ihre

Position durch Provinzialkapitel in Speyer in den Jahren 1572, 1587 und 1607 sichern.

Neben den Stiften Allerheiligen, St. German und St. Guido existierten vor dem Dreißigjährigen Krieg noch drei Frauenkonvente: das heute noch bestehende Dominikanerinnenkloster St. Magdalena, das Kloster der Augustinerinnen bei St. Martin in Altspeyer und das nicht weit davon entfernte St. Klarakloster. Nachdem es in der zweiten Hälfte des 16. Jahrhunderts mit der Disziplin der Schwestern schlecht bestellt war, erlebte das Klarakloster am Vorabend des Dreißigjährigen Krieges eine wirtschaftliche Blüte. Der Konvent war im Wachsen begriffen, die Klosteranlagen wurden beträchtlich erweitert. Doch wurde die Aufwärtsbewegung des Klosters durch den Krieg jäh unterbrochen. Es gelang dem Kloster allerdings, sich in der zweiten Hälfte des 17. Jahrhunderts allmählich wieder zu erholen. Am 1. Dezember 1685 inkorporierte Bischof Johann Hugo von Orsbeck das Augustinerinnenkloster und die Pfarrkirche St. Martin mit allen Liegenschaften und Gefällen dem Kloster St. Klara.

Speyer zählte um 1560 rund 8000 Einwohner, darunter gerade noch 30 bis 40 katholische Laien mit Bürgerrecht. Das katholische Leben in der Stadt war mehr oder weniger auf den Gottesdienst im Dom und in den Stiften Allerheiligen, St. German und St. Guido reduziert. Der Klerus war auf einem moralisch-seelsorglichen Tiefstand angekommen, das größte Übel jener Jahrzehnte war das Konkubinat.

Die Erneuerung des katholischen Glaubens

Es gab jedoch bereits Mitte des 16. Jahrhunderts Anzeichen, die darauf hindeuteten, dass die katholische Kirche im Bistum zur Erneuerung fähig wäre; großen Anteil daran hatten die Jesuiten. Bei seiner Reise durch Deutschland besuchte der Jesuit Petrus

Faber auch Speyer; er bestärkte den Bischof und das Domkapitel in ihren Reformbemühungen. Im Februar 1542 schrieb er von Mainz aus an den Gründer seines Ordens Ignatius von Loyola über seinen Aufenthalt in Speyer: *Gott weiß, was ich in Speyer ausgestanden habe, wo ich gegen die Verzweiflung am Wohle Deutschlands zu kämpfen hatte. Schließlich bin ich zum Schlusse doch zu recht froher Zuversicht gekommen; ja ich sehe sogar ganz gewiß, dass der Herr uns dort noch viele Seelen bereithält, die bereit wären, sich durch die Exerzitien schulen zu lassen* [...]. Petrus Faber gelang es durch seine Frömmigkeit und Liebenswürdigkeit, viele der Speyerer wieder für den katholischen Glauben zu gewinnen. Die Priester konnten nach der österlichen Zeit 1542 melden, dass in jenem Jahr mehr Gläubige die kirchlichen Pflichten erfüllt hätten, als in den zwanzig vorhergegangenen Jahren zusammen.

Dem Domkapitel war sehr an der Gründung eines Jesuitenkollegs gelegen. Es verhandelte mit Pater Petrus Faber darüber und erarbeitete einen Plan, wie man die Gründung eines Kollegs finanzieren könne. Bischof Marquard von Hattstein jedoch verhielt sich gegenüber der Initiative des Domkapitels ablehnend. Er verwies auf die entstehenden Kosten und die sich anbahnende Konfrontation mit dem protestantischen Rat der Stadt. Das Domkapitel aber konnte seine Vorstellungen letztlich durchsetzen. Am 17. Januar 1567 wurde der Entwurf für eine Stiftungsurkunde vorgelegt und genehmigt. Die Jesuiten übernahmen die Dompredigerstelle, bauten eine fünfklassige Schule auf und boten zwei- bis dreimal wöchentlich eine theologische Vorlesung an. Von Seiten der Stadt kam es schon bald zu Angriffen auf die Jesuiten. Bis 1577 war die Atmosphäre derart aufgeheizt, dass sogar ein Bürger aufgrund eines Brandanschlags auf das Kolleg öffentlich hingerichtet wurde.

Zielgruppe für die seelsorgliche Tätigkeit der Jesuiten in Speyer war insbesondere das Personal des Reichskammergerichtes (1527–1693 in Speyer, dann bis 1806 in Wetzlar). Es umfasste ca. 660 Personen, die mehrheitlich katholisch waren und die zur Keimzelle eines sich in Speyer neu belebenden Katholizismus wurden. Dieser Personenkreis gab durch seine Anwesenheit den Jesuiten das Gefühl von Sicherheit.

Der Jesuitenorden entfaltete seine Tätigkeit auch über die Stadt Speyer hinaus. Im Umland wirkten die Patres bei der Seelsorge mit. Im Jahr 1604 zogen einige von ihnen durch Teile der Diözesen Speyer, Worms und Mainz, predigten und hielten Gottesdienste. Auch an anderen Orten des Fürstbistums gründeten die Jesuiten Niederlassungen, u. a. in Germersheim (1628).

Die Bedeutung des Speyerer Jesuitenkollegs zeigte sich auch darin, dass ab 1604 das Tertiat – ein besonderes Probejahr nach dem Noviziat – der rheinischen Provinz der Jesuiten nach Speyer verlegt wurde. Die beiden berühmtesten Tertiarier in Speyer waren Friedrich Spee (1626/27) und Athanasius Kircher, der Völkerkundler, Geograph und Entdecker des Bazillus-Erregers der Pest. Friedrich Spee war bereits 1615 für ein Jahr Lehrer der Grammatik am Jesuitengymnasium. Wie hoch der Bildungsstandard am Jesuitengymnasium war, macht folgende Begebenheit deutlich: 1608 besuchte der Engländer Thomas Coryate, ein überzeugter Protestant, im Rahmen seiner Venedig- und Rheinfahrt die Jesuitenschule; er zeigte sich verwundert darüber, als er mit einem Jesuitenpater ins Gespräch kam, dass dieser über die Geschichte des mittelalterlichen Englands genau unterrichtet war.

Mit der Auflösung des Jesuitenordens (1773) kam auch das Ende des Kollegs und des Jesuitengymnasiums. Die Schule wurde nach 1773 abwechselnd von Weltgeistlichen, Franziskanern und Augustinern weitergeführt, bis in Folge der Revolutionskriege Ende des 18. Jahrhunderts die endgültige Schließung erfolgte. Die Jesuitenkirche (siehe Buchinnenseite vorne und hinten) wurde profaniert und 1793/94 durch die Franzosen verwüstet. Das Gebäude des Kollegs wurde als Kaserne genutzt, ab 1897 war

Folgende Doppelseite:
Der Dom mit der bischöflichen Renaissancepfalz links und dem Jesuitenkolleg und dem Freithof rechts in einer Ansicht um 1650, die Israel Silvestre zugeschrieben wird.

darin das Marienheim untergebracht. 1910 wurde das Gebäude abgerissen, und die neuen Dienstwohnungen des Domkapitels wurden am heutigen Edith-Stein-Platz errichtet.

Bis sich die von den Bischöfen geförderten Maßnahmen des Konzils von Trient (1545) im Alltag der Pfarreien durchsetzten, dauerte es allerdings noch lange Zeit. Sehr bedeutend war in diesem Zusammenhang die Einführung des Speyerer Gesangbuches von 1599.

Drei Konfessionen in der Stadt

In den eineinhalb Jahrhunderten vom Beginn des 16. Jahrhunderts bis zum Ende des Dreißigjährigen Kriegs 1648 veränderte sich die konfessionelle Situation im Deutschen Reich grundlegend. War sie bis dahin im Wesentlichen römisch-katholisch bestimmt, so gab es 1648, im Jahr des Westfälischen Friedens, drei Konfessionen, die reichsrechtlich gleichberechtigt anerkannt waren: den Katholizismus, das Luthertum und den Calvinismus. Das hatte nicht allein religiös-kirchliche Folgen, sondern auch umfangreiche (macht-)politische Konsequenzen. Das Reich war jetzt ein für alle Mal konfessionell gespalten. Viele Landesfürsten, Städte und kleinere Herrschaften hatten das neue Bekenntnis angenommen und in ihren Territorien eingeführt.

In Speyer waren seit der Einführung der Reformation Rat und Bürgerschaft lutherisch. Daneben lebten hier die zu den Haushalten und Dienststellen des Domkapitels gehörenden Katholiken sowie die katholischen Angehörigen des Reichskammergerichts. Vom pfälzischen Kurfürsten unterstützt, der sich zum Calvinismus bekannte, wirkte in der Ägidienkirche in den 1570er Jahren der reformierte Prediger Georg Infantius. Zu den bereits traditionellen Streitpunkten zwischen protestantischem Rat und katholischer Geistlichkeit wie Schankrechte (ein häufig praktizierter

Brauch, den Wein aus den eigenen Ländereien zu ›versilbern‹), Steuererhebung und die Aufnahme von Geistlichen in den Schutz der Stadt traten nun noch konfessionelle Vorbehalte. So war der Rat insbesondere bemüht, den Einfluss der Jesuiten in der Stadt einzuschränken.

Daneben herrschte aber auch ein friedliches Miteinander, etwa darin, dass sich im 17. Jahrhundert Ratsschule und Jesuitenschule gegenseitig mit Kulissen für das Schultheater aushalfen, dass der lutherische Rat dem Kloster St. Magdalena eine zusammengebrochene Mauer wieder errichtete, die allerdings zugleich Stadtmauer war, und dass geregelt wurde, dass die evangelische Bürgerschaft katholische Kirchen für den Gottesdienst benutzte, da zunächst keine eigenen gebaut wurden.

Das Reichskammergericht

Auf dem Wormser Reichstag von 1495 wurde der Beschluss gefasst, ein vom Kaiserhof unabhängiges höchstes Gericht für das Reich zu errichten. Nachdem der Sitz dieses Gerichts für rund drei Jahrzehnte immer wieder wechselte, wurde auf dem Speyerer Reichstag von 1526 bestimmt, dass das Reichskammergericht nach Speyer verlegt werden sollte. Dies bedeutete für die Stadt eine besondere Aufwertung. 1527 nahmen die Richter im Ratshof zu Speyer ihre Arbeit auf.

An der Spitze des Gerichts stand der vom Kaiser ernannte Kammerrichter. Zu den bedeutendsten Inhabern dieses Amtes gehörten Wilhelm Werner von Zimmern sowie der Speyerer Bischof Marquart von Hattstein. Des Weiteren gab es sechzehn ständige Assessoren oder Beisitzer, die von den sechs alten Reichskreisen sowie von Österreich und Burgund ernannt wurden. Von ihnen musste wenigstens die Hälfte des Römischen Rechts kundig sein, denn sie fällten die Urteile des Gerichts.

»Ius camerale – Spira Nemetum«:
Über einer Ansicht Speyers von Südosten befindet sich die Darstellung einer Sitzung des Reichskammergerichts in zeittypischer Weise. Die Wappen der Kurfürsten und der Reichskreise, die die Darstellung begleiten, stehen für das Reich, für das das Reichskammergericht Recht spricht.

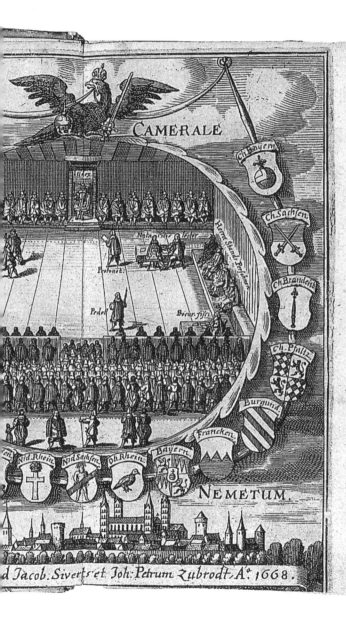

Im Zeichen der Glaubenskämpfe

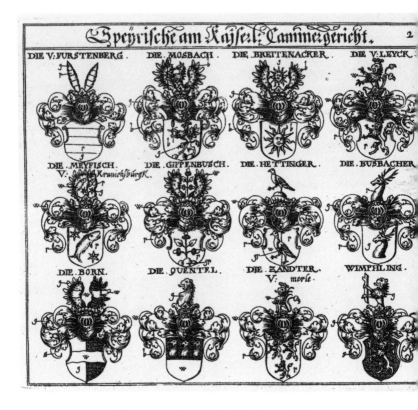

Wappen von Speyerer Familien, die am Reichskammergericht beschäftigt waren; Kupferstich aus dem Wappenbuch von Johann Sibmacher, 1605

Hinzu kamen die Protonotare oder Gerichtsschreiber, die in der Kanzlei des Gerichts tätig waren, die dem Reichserzkanzler (d. h. dem Kurfürsten und Erzbischof von Mainz) unterstand. Die Advokaten und Prokuratoren standen den Gerichtsparteien bei.

Das Reichskammergericht war zuständig für Landfriedensbruch, Reichsacht, fiskalische Klagen, Appellationsverfahren für verschiedene Territorien des Reiches und Besitzstreitigkeiten von reichsunmittelbaren Reichsständen. Als großes Problem des Reichskammergerichts erwies sich bald seine Überlastung aufgrund der großen Zahl der vorgebrachten Rechtsfälle. So musste beispielsweise der Reichstag von 1570, der letzte in Speyer, über eine Reform des Reichskammergerichts verhandeln, da am 1. Mai des Jahres 1570 – wie schon im Jahre 1550 – über 5000 noch unerledigte Verfahren anhängig waren und die Gerichtsparteien lange Wartezeiten hinnehmen mussten.

Bis zur endgültigen streng gleichberechtigten konfessionellen Besetzung des Reichskammergerichts 1640 spielten auch konfessionelle Streitigkeiten immer wieder eine die Prozesse störende Rolle. In der Reformationszeit selbst neigte es eher der katholischen Seite zu. Oftmals klagten aber auch Parteien mehrerer Konfessionen über die Parteilichkeit des Gerichts.

Die Ansiedlung des Reichskammergerichtes in Speyer wirkte sich auf mehreren Ebenen positiv für die Stadt aus. Erstens entstand ein Rechtsklima, das Speyer von vielen anderen Gegenden des Reiches unterschied, so dass es in Speyer z. B. nur zu einer einzigen Hexenverbrennung, nämlich der von Barbara Köler 1581, kam, und vieles spricht dafür, dass Friedrich Spee von Langenfeld, der eines seiner Probejahre als Jesuit in Speyer verbrachte, von den hier herrschenden Rechtsauffassungen zu seinem Kampf gegen das Unrecht der Hexenverfolgungen angeregt wurde. Zweitens führte das wichtigste Gericht des Reiches zahlreiche bedeutende Juristen, Prozessparteien und -vertreter in die Stadt, die nicht nur viel Geld hier ausgaben, sondern auch wertvolle Zeugnisse über das Leben in Speyer im 16. Jahrhundert hinterließen, darunter Wilhelm Werner Graf von Zimmern und dessen Neffe Christoph Froben sowie der spätere Stralsunder Bürgermeister Bartholomäus Sastrow.

Nachdem Speyer am 28. September 1688 im Pfälzischen Erbfolgekrieg von französischen Truppen besetzt wurde, verließ das

Reichskammergericht die Stadt. Mit der Zerstörung Speyers 1689 war eine Rückkehr des Gerichts ausgeschlossen. Wetzlar wurde als neuer Sitz ausgewählt; dort wurde 1693 der seit fünf Jahren unterbrochene Prozessbetrieb wieder aufgenommen. Das Reichskammergericht wurde 1806 aufgelöst.

»Die Reichsstatt Speyer / so vor zeiten Civitas Nemetum« von Südosten gesehen mit der Lußheimer Fähre im Vordergrund, Holzschnitt von Heinrich Holzmüller aus der »Kosmographey« von Sebastian Münster, 1550

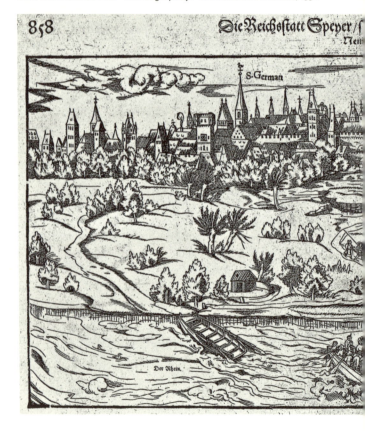

Das Stadtbild des späten Mittelalters und der Frühen Neuzeit

Einen Eindruck von der Stadt am Übergang vom Mittelalter zur Frühen Neuzeit vermitteln die überlieferten Stadtansichten, wobei der Holzschnitt aus Sebastian Münsters deutschsprachiger *Kosmographey* von 1550 hervorzuheben ist. Sebastian Münster, in Ingelheim am Rhein 1488 geboren und 1552 in Basel gestorben, war Franziskanermönch, bevor er sich der Reformation anschloss

und schließlich in Basel als Hebraist lehrte. Seine *Kosmographey*, ursprünglich 1544 in lateinischer Sprache – der Gelehrtensprache seiner Zeit – erschienen, ist ein Kompendium der historisch-länderkundlichen und geographischen Kenntnisse seiner Zeit. Die hier enthaltene Ansicht von Speyer hat der Formschneider Heinrich Holtzmüller geschnitten, der in Bern und Basel um 1550 tätig war. Doch stammt die Vorlagezeichnung sicherlich nicht von ihm. Auf dem Titelblatt vor der Stadtansicht gibt Münster an, dass er das Bild von einem Speyerer Ratsherrn durch die Vermittlung des Rechtsgelehrten Lupold Dick erhalten habe. Die Zeichnung war wohl von einem Speyerer Künstler angefertigt worden. Münsters Stadtansicht gibt das gesamte Stadtpanorama von Süden, Südosten und Osten wider. Der Dom als Mittelpunkt des Holzschnitts ist von seiner Süd- und Südostseite dargestellt.

Auf der Grundlage der verschiedenen, auf Sebastian Münsters Holzschnitt zurückgehenden Stadtansichten hat Matthäus Merian der Ältere seinerseits eine Ansicht der Stadt geschaffen. Der unermüdliche Merian, 1593 in Basel geboren und 1650 in Schalbach bei Frankfurt am Main gestorben, gilt als einer der bedeutendsten Kupferstecher und Verleger seiner Zeit. Die in der *Topographia Germaniae* enthaltenen Ansichten und Pläne bestimmten für lange Zeit das Bild der jeweils abgebildeten Lokalitäten. In der *Neuwen Archontologia cosmica*, einer ›Beschreibung der Herrschaften der (ganzen) Welt‹, für die Merian Kupfertafeln, Landkarten und topografische Ansichten beisteuerte, erschien 1637 (als Erscheinungsjahr ist 1638 angegeben!) auch eine Ansicht der Stadt Speyer. Von ihr wird vermutet, dass Merian dafür nicht nur den Kupferstich gestochen, sondern auch die Vorlagenzeichnung während seiner Zeit in Oppenheim bei seinem späteren Schwiegervater 1618 bis 1620 – also schon fast zwei Jahrzehnte zuvor – angefertigt hat. Die wehrhafte Stadt mit den massiven Mauerringen und den hohen Mauertürmen beeindruckte die Zeitgenossen, wie etwa 1608 den bereits erwähnten Thomas Coryate, der berichtet, dass die Mauertürme des Stadtmauerrings so hoch seien wie in England die Kirchtürme.

Von der Stadt des späten Mittelalters und der Frühen Neuzeit hat sich nur wenig erhalten. Im Dreißigjährigen Krieg (1618-1648) wurden die drei vor der Stadt liegenden Vorstädte – die Gilgenvorstadt, die Fischervorstadt und Altspeyer – zerstört; nur die Hasenpfuhlvorstadt blieb von den Kriegswirren nahezu unberührt. Der Charakter der Innenstadt ist dagegen weitgehend erhalten geblieben. Zwei Jesuitenpatres beschrieben 1660 Speyer als eine ansehnliche Stadt mit breiten Straßen und vielen Häusern vornehmer Leute, jedoch von einer sehr alten Bauweise, womit wohl der Fachwerkbau gemeint war (siehe auch Buchinnenseite vorne).

Die städtische Bauweise vor 1689

Wie die Bürgerhäuser des hohen und späten Mittelalters aussahen, ist nicht bekannt. Bis auf wenige Ausnahmen waren es wohl Fachwerkhäuser. Steinhäuser waren damals noch selten; sie waren zumeist in kirchlichem Besitz oder gehörten reichen Familien, von denen eines, das Retschergebäude (Große Himmelsgasse 3a) – benannt nach der Speyerer Patrizierfamilie der Retschelin –, noch als Ruine erhalten ist. Unter Fachwerkbau versteht man eine Skelettbauweise, bei der ein Rahmenwerk aus Holz als tragendes Gerüst errichtet wird. Die dabei entstehenden Zwischenräume werden zumeist mit einem Gemisch aus Holz, Stroh und Lehm oder mit Ziegelwerk ausgefüllt.

Schon in der Reisebeschreibung des Humanisten Kaspar Bruschius (1518–1557) wurde die auffallende Höhe der Bürgerhäuser vermerkt. Vermutlich waren im 16. Jahrhundert die Häuser im Speyerer Stadtzentrum durchschnittlich drei bis vier Geschosse hoch, teilweise noch höher.

1. S. Marcus. 2. S. Iacob. 3. S. Marxthor. 4. Barfüßer Closter. 5. Capuciner Closter
12. Weidthor. 13. Widenberg.S.Guidon. 14. S. Martha. 15. S. Clara. 16. Lazaret.

Speyer von Südosten aus gesehen, Kupferstich, wohl von Matthäus Merian d. Ä. selbst um 1619/1620 gestochen, aus der »Topographia Palatinatus Rheni ...« von 1645. – Merians Stadtansicht gilt bis in die Details als die zuverlässigste

und genaueste Ansicht des alten Speyer. Oben rechts ist wie oft bei den Stadtansichten Merians das Stadtwappen, das eine typisierte Darstellung des Doms zeigt, zu sehen.

Eine Stadtansicht, die um 1680 entstanden ist, zeigt Speyer aus der Vogelschauperspektive. Obwohl im späten 17. Jahrhundert entstanden, vermittelt sie den baulichen Zustand des 16. Jahrhunderts, da in Speyer im 17. Jahrhundert kaum neu gebaut wurde. Dargestellt ist die ummauerte Stadt mit dem sich vom Dom aus fächerförmig entfaltenden Straßensystem. Die von Osten und Westen verlaufende breite Hauptstraße wird von aneinandergebauten hohen, schmalen Giebelhäusern gesäumt.

In der nördlichen Hälfte der Stadt waren die Wormser Straße und die Große Himmelsgasse/Johannesstraße die wichtigsten Straßenzüge, in der südlichen Hälfte die Herdstraße sowie die Große und Kleine Pfaffengasse. Die Häuser der Geistlichkeit lagen fast ausschließlich im südlichen Stadtbereich, die der Reichsbeamten insbesondere im nördlichen Teil und die der Handelsleute sowie des städtischen Patriziats hauptsächlich in der heutigen Maximilianstraße. In den städtischen Randgebieten, wo die ärmere Stadtbevölkerung lebte, war die Bauweise aufgelockert. Auch gab es dort zahlreiche unbebaute Flächen mit Gärten und Grünland.

Die mittelalterlichen Stadtmauern wurden auch von den umliegenden Dörfern finanziert und unterhalten, ihre Einwohner konnten im Notfall innerhalb der Stadtmauern Schutz finden. Die Speyerer Gemarkung wurde nach einem Ratsbeschluss von 1410 durch eine Landwehr mit Wall, Graben und Türmen befestigt. Die mit achtundsechzig Türmen bewehrten Stadtmauern – einundzwanzig in der Kernstadt, die übrigen in den Vorstädten – wurden großteils 1689 durch die Franzosen geschleift und zu Beginn des 18. Jahrhunderts nur notwendig ausgebessert. Eine gänzliche Wiederherstellung wäre sinnlos gewesen: Die Kriegstechnik war längst weiterentwickelt worden, so dass die Stadtmauern ohnedies keinen Schutz mehr geboten hätten.

Im Zeitalter der großen Kriege und Zerstörungen

Schwer geprüft im Dreißigjährigen Krieg

Während des Dreißigjährigen Kriegs wurde Speyer immer wieder als Ausgangsbasis oder als Etappenstation von Belagerungen der nordbadischen Festung Philippsburg in Mitleidenschaft gezogen. Das lutherische Speyer selbst war zunächst Mitglied der Protestantischen Union, dem Militärbündnis der evangelischen Reichsstände während der kriegerischen Auseinandersetzungen zwischen den Anhängern der verschiedenen Glaubensrichtungen im Reich, ein Umstand, der insbesondere zu einem sehr gespannten Verhältnis zu dem Speyerer Bischof Philipp von Sötern, zugleich Erzbischof von Trier, führte. Denn Speyer nahm an der Schleifung der Festung Udenheim teil, die der Katholischen Liga – dem militärischen Gegenbündnis der Katholischen Seite – als strategischer Gegenpol zur kurpfälzischen Festung Mannheim-Friedrichsburg gedient hatte. Es gelang allerdings Philipp von Sötern, einen Wiederaufbau der Festung zu finanzieren und ihr 1623 seinen Namen zu verleihen: Philippsburg. Mit dem nunmehr modernen Festungsbau konnte Speyer im 17. Jahrhundert nicht mehr mithalten, und es zeigte sich, dass die Verteidigungsfähigkeit Speyers für einen Krieg, wie er jetzt geführt wurde, nicht mehr ausreichte. Die Stadt stand daher während des langen Krieges allen jeweils durchziehenden Kriegsparteien offen und wurde von ihnen als Stützpunkt genutzt. Daran änderte auch die Tatsache nichts, dass hier das Reichskammergericht seinen Sitz hatte, zumal dieses sein Beginn des 17. Jahrhunderts gegenüber dem Reichhofgericht in Wien an Bedeutung eingebüßt hatte.

Zusätzlich zu den unmittelbaren Folgen des Kriegs war die Stadt auch mit Zahlungsverpflichtungen an Kaiser und Reich belastet. Nach der massiven Bedrohung durch die Kurpfalz folgte eine lange Besatzungsphase durch kaiserliche Truppen (1635-1644), dann bis nach 1648 durch Frankreich. Aber nicht nur die Kriegsfolgen setzte den Menschen in Speyer zu. Hinzu kamen 1632 die Pest und 1636 eine Hungersnot. So kam es zu heimlichen Abwanderungen, die der Rat durch Verordnungen zu verhindern suchte. Als 1650 endlich alle Besatzungstruppen aus der Stadt abgezogen waren, war diese so hoch verschuldet, dass sogar die wohltätigen Stiftungen zur Schuldentilgung herangezogen wurden, die bereits während des Krieges finanziell stark in Anspruch genommen worden waren. Es waren dies das St.-Georgen-Hospital, das Elendherberg-Almosen, das Gutleut-Almosen, das Heilig-Geist-Almosen und das Lazarett-Almosen, ursprünglich Zeugnisse eines reichen Stiftungswesens der Speyerer Bürger.

Die Katastrophe des Pfälzischen Erbfolgekriegs

Die Stadt hatte sich noch nicht vom Dreißigjährigen Krieg und seinen Folgen erholt, als sie in der Pfingstwoche des Jahres 1689 im Pfälzischen oder Orléansschen Krieg (1688-1697) das Ziel von französischen Truppen wurde. Unter den zahlreichen Kriegen des 17. und frühen 18. Jahrhunderts nimmt der Pfälzische Erbfolgekrieg aufgrund der grausamen Praxis der »verbrannten Erde«, die von den französischen Kriegsherren verfolgt wurde, einen besonderen Platz ein. Im Jahr 1689 fielen den Kämpfen zahlreiche Städte, Burgen und Dörfer am Nieder-, Mittel- und Oberrhein zum Opfer, so – neben Speyer – Heidelberg, Mannheim, Worms,

Oppenheim, Bingen, Kreuznach, Alzey, Frankenthal, Rastatt, Pforzheim und Offenburg.

> ## Politik der »verbrannten Erde« als unnachgiebige Kriegstaktik
>
> Als 1685 die Simmern'sche Linie der pfälzischen Wittelsbacher ausstarb, erhob der französische König Ludwig XIV., der »Sonnenkönig«, Ansprüche im Namen seiner Schwägerin Elisabeth Charlotte von Orleans – besser bekannt unter dem Namen »Liselotte von der Pfalz« – auf Teile des pfälzischen Erbes. Dass dies freilich zu Unrecht geschah, geht aus dem Wortlaut des Heiratsvertrags Liselottes mit dem Bruder des Königs hervor: Bei ihrer Verheiratung hatte sie ausdrücklich auf ihre Nachfolgerechte für alle Herrschafts- und Lehensgebiete, väterliche wie mütterliche, verzichtet. Dennoch provozierte Ludwig XIV., der eine expansive Machtpolitik betrieb und die französischen Grenzen bis zum Rhein verschieben wollte, 1688 einen Krieg mit dem Kaiser und dem Reich. Der Gegner war stark: Die Niederlande, England, Spanien und Savoyen traten der Koalition gegen Frankreich bei. In der Folge rückten französische Truppen an den Rhein vor, und seit Ende September 1688 lagen vierzehn französische Kompanien in Speyer im Winterquartier.

Nachdem der französische General Joseph de Montclar am 30. Januar 1689 die Befestigungsanlagen der Stadt besichtigt hatte, begannen zwei Tage später die Abbrucharbeiten, an denen sich auch die Stadtbewohner beteiligen mussten. Während bereits seitens der Bürger geahnt wurde, dass die Franzosen die Stadt einäschern wollten, teilte am Nachmittag des 23. Mai der französische Kriegsintendant de la Fond den beiden Bürgermeistern und den Ratsherren mit, dass die Stadt innerhalb von sechs Ta-

92 Im Zeitalter der großen Kriege und Zerstörungen

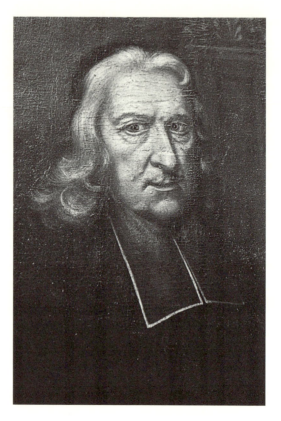

Heinrich Hartard Freiherr von Rollingen (1633–1719),
Ölgemälde des 18. Jahrhunderts

gen evakuiert werden müsse: es solle jedoch niemand daraus schließen, dass die Stadt *verbrennet* werde. Bereits vier Tage später jedoch ließ Montclar dem Domdekan und bischöflichen Statthalter Heinrich Hartard von Rollingen - er war später von

1711 bis 1719 Bischof von Speyer – mitteilen, er habe den Befehl erhalten, *die Stadt samt allen darin befindlichen Kirchen und Klöstern, einzig die hohe Domkirche ausgenommen, in Brand zu stecken.*

Von ihm stammt eine der wertvollsten Quellen für die Geschichte der Zerstörung von Speyer im Jahr 1689. In seinem Bericht an den Speyerer Bischof Johann Hugo von Orsbeck (1677-1711), der zugleich Erzbischof von Trier war, hielt Rollingen fest, dass selbst die hohen französischen Offiziere sehr betroffen waren von dem ihnen erteilten Befehl. La Fond erklärte sich daher sogar bereit, sich beim Versailler Hof für Speyer zu verwenden, meinte allerdings, dass wenig Hoffnung auf eine Änderung des Befehls bestünde. Er wolle aber veranlassen, dass den Einwohnern einige hundert Wagen für den Abtransport ihrer Habe zur Verfügung gestellt würden. Das, was letztlich zurückbliebe, könnte im Dom untergebracht werden. Die Bitte Rollingens, mit einigen anderen Geistlichen in der Stadt bleiben zu dürfen, um den Gottesdienst im Dom zu halten, wurde dagegen abgelehnt.

Den zahlreichen Versuchen seitens des Rates der Stadt sowie von kirchlicher oder privater Seite, die drohende Gefahr von der Stadt abzuwenden oder das Schreckliche zu mildern, war ebenfalls kein Erfolg beschieden. Am 25. Mai hielt das Domkapitel seine letzte Sitzung ab und beschloss, da die Niederbrennung der Stadt sicher zu sein schien, den Domschatz und das Archiv des Domkapitels nach Mainz zu bringen. Gleichzeitig sollte der Oberkommandierende der Franzosen, Marschall Graf Jacques-Henri de Duras in Mainz, um die Zusicherung gebeten werden, dass der Dom verschont bleibe. Die Aktivitäten des Domkapitels waren für die Bürger Speyers das Signal, nun ihrerseits ihr Hab und Gut zu bergen und die Stadt zu räumen. Ein Augenzeuge berichtet: *Mit unnennbarer Wehmut verließen sie ihre Wohnungen, und ihr Gang aus der Stadt glich dem Gang der zum Tode Verurteilten.*

Eine Vielzahl von Berichten

Es ist nicht möglich, alle Einzelheiten über die Vorgänge bei der Flucht aus der Stadt wiederzugeben, die die zeitgenössischen Quellen überliefert haben. So trug etwa eine Frau statt ihrer Habe ihre alte, kranke Großmutter auf dem Rücken aus der Stadt. Kranke und Schwache, die Angst hatten, dass sie in dem allgemeinen Tumult des Aufbruchs vergessen würden, schrien um Hilfe und baten, in den nahen Wald getragen zu werden, damit sie nicht in den Flammen umkämen. Der Vorsteher der Franziskaner lehnte es ab, das Kloster seines Ordens zu verlassen und nahm damit in Kauf, von den Franzosen gewaltsam aus dem Kloster getrieben zu werden. Der Dekan des Allerheiligen-Stifts, der wegen schwerer Krankheit nicht transportfähig war, ließ sich im Keller des Stiftsgebäudes verstecken; er ist vermutlich während des Stadtbrands umgekommen. Viele tragische Szenen ereigneten sich bei den Versuchen von Bürgern, trotz des Verbots der Franzosen den Rhein zu überqueren und sich auf das andere Ufer zu retten; viele mussten dieses Wagnis mit ihrem Leben bezahlen. Die Schwestern vom Kloster St. Magdalena, die ebenfalls über den Rhein flüchten wollten, wurden gestellt und ausgeplündert.

Nur wenige Speyerer gingen in die Gebiete, die ihnen von den Franzosen als Zufluchtsorte bezeichnet worden waren. Soweit es ihnen nicht gelang, auf die andere Rheinseite zu gelangen, flüchteten sie in die Wälder der Speyer benachbarten Orte, um dort das Herannahen deutscher Truppen zu erwarten, mit denen, nach der Darstellung der Franzosen, bald zu rechnen war. Viele hofften, dass es nicht zum Äußersten kommen würde.

Doch diese Hoffnungen waren vergebens. In Speyer waren die Vorbereitungen für die Inbrandsetzung der Stadt beendet. Der

31. Mai, der Pfingstdienstag des Jahres 1689, wurde zum Schicksalstag für Speyer. Am frühen Morgen dieses Tages verließ die französische Besatzung die Stadt und bezog ein Feldlager auf dem Germansberg südlich der damaligen Stadt. Am Nachmittag begann ein Brandkommando mit seiner Arbeit: Offenbar wurde die Stadt gleichzeitig an zwei verschiedenen Stellen, an der Stuhlbrudergasse und beim Weidenberg, in Brand gesetzt. Das Feuer breitete sich zuerst langsam aus, ohne zunächst den Dom zu erfassen. Ein Augenzeuge berichtet: *Die beider Rauch haben sich zusammen und daruf teils gegen das Gebirg, teils gegen den Rhein gezogen, dergestalten, daß der damalen ganz heitere Himmel auf einmal darvon bedeckt und ganz überzogen worden.* Dann aber drohte auch der Dom von den Flammen erfasst zu werden.

Mit großem Einsatz versuchte Rollingen zu retten, was zu retten war. Aus dem Dom ließ er die künstlerisch wertvollsten Grabdenkmale von den Wänden entfernen und in der Domdechanei aufbewahren. Er forderte in den fürstbischöflichen Ämtern Kirrweiler und Deidesheim Verstärkung zum Schutz des Domes an, doch die 100 Bauern, die mutig genug waren, die bereits brennende Stadt zu betreten, trafen erst ein, als der Dom schon in Flammen stand.

Denn in der Nacht auf den 2. Juni geschah schließlich doch, was eigentlich vermieden werden sollte: Das Feuer griff auf den Dom über. Kurz vor Mitternacht fing der Glockenturm Feuer; dreimal gelang es, es zu löschen. Einige betrunkene Soldaten wurden bei dem Versuch, den Kreuzgang zu zerstören und in der Kapitelsstube Feuer zu legen, ertappt und vertrieben. Den-

Folgende Doppelseite: Flugblatt über die Zerstörung der Stadt Speyer 1689. – Im Stil der Zeit wurde die Katastrophe der Stadt publizistisch verarbeitet: Vor dem Hintergrund der brennenden Stadt flüchten Speyerer Einwohner in Booten über den Rhein, um sich so auf das sichere andere Ufer zu retten; feindliche Soldaten feuern auf die Flüchtenden.

Eigentliche Besch...
Wie tyrannisch und ...achristlich die Barbar...
ne...

g der Stadt Speyer/
anzosen mit derselben Stadt und Innwoh-
en sind. 1689.

noch war es unmöglich, im allgemeinen Aufruhr alle Übergriffe auf die Kirche zu verhindern. Als die Bauern das Kirchenschiff betraten, brannte es dort bereits ebenfalls. Zwar brachte ein französischer Offizier einen Brandstifter zur Wache, doch ließ man ihn wieder laufen. Das Feuer hatte bald auch die Ostkuppel des Domes erreicht. Alle Löschversuche waren wegen des schwierigen Zugangs zur Kuppel erfolglos. Mit äußerster Anstrengung gelang es, die Armen und Kranken, die im Dom eine sichere Zufluchtsstätte zu finden geglaubt hatten, zu retten.

Trotz des sich rasch ausbreitenden Feuers blieb das Gnadenbild im Dom erhalten, das in einem hölzernen Schrein aufbewahrt wurde. Rollingen gelang es mit dem Stuhlbruder Aegidius Kran die Flügeltüren zuzuklappen, so dass das Gnadenbild das Feuer überstand. Es wurde zunächst nach Kirrweiler, in die etwa zwanzig Kilometer entfernte Sommerresidenz der Fürstbischöfe, und später, da Speyer auf Befehl Ludwigs XIV. zunächst nicht wieder bewohnt werden durfte, nach Frankfurt in die dortige Karmeliterkirche gebracht.

Gnadenbilder im Speyerer Dom

Seit wann der Dom ein Gnadenbild besaß, das der Marienverehrung diente und Wallfahrer anzog, lässt sich nicht eindeutig klären. Das Siegel des Speyerer Domkapitels aus dem 12. Jahrhundert zeigt jedenfalls eine thronende Muttergottesfigur. Nicht mehr zu klären ist, ob es sich bei dem Speyerer Gnadenbild um eine Skulptur aus getriebenem Gold oder um eine hölzerne oder steinerne Figur handelte; für jede dieser Möglichkeiten gibt es Beispiele aus dem 12. Jahrhundert. Das Gnadenbild dürfte wohl zunächst auf dem Hauptaltar des Domes seinen Platz gefunden haben. In der Zeit der Gotik, also im 15. Jahrhun-

Siegel des Speyerer Domkapitels mit der Gottesmutter
Maria, ihrem Kind auf dem Arm und wohl einer Lilie,
dem Zeichen der Unschuld, in der Hand

dert, wurde diese Figur möglicherweise durch eine neue ersetzt und auf dem 1303 geweihten St. Annenaltar aufgestellt. Ob die alte Darstellung nicht mehr den religiösen Empfindungen der Menschen entsprach oder ob die 1324 gegründete Dombruderschaft ein eigenes Gnadenbild besitzen wollte, ist nicht eindeu-

100 Im Zeitalter der großen Kriege und Zerstörungen

Die »Patrona Spirensis« von 1930

tig zu entscheiden. Bei dem neuen Gnadenbild handelte es sich um eine überlebensgroße Statue: Maria steht auf einer Mondsichel und hält das ihr zugewandte, unbekleidete Kind auf dem linken Arm. 1521 heißt es, die Figur sei neu »gemacht« worden; ob es sich dabei um eine Restaurierung oder um eine gänzlich neue Figur handelte, ist ungewiss. Diese Statue überstand den Dombrand von 1689 unbeschadet. Ihr Standort war am dritten südöstlichen Kirchenschiffpfeiler am Ende des Königschors. Fürstbischof Limburg-Styrum (1770–1797) ließ außerdem eine Nachbildung des alten Gnadenbildes über der Vorhalle in einer Nische unter der Kuppel aufstellen; diese befindet sich heute im so genannten Kaisersaal über der Vorhalle. Während der Französischen Revolution wurde das Gnadenbild 1794 zusammen mit anderen Statuen, Paramenten und Chorbüchern zerstört. Erst zum 900jährigen Jubiläum der Grundsteinlegung des Domes im Jahre 1930 erhielt die Kathedrale ein neues Gnadenbild. Bischof Ludwig Sebastian (1917–1943) bat für diesen Anlass Papst Pius XI., dem Dom ein neues Wallfahrtsbild zu stiften. Der Papst kam dieser Bitte nach und erteilte dem Münchener Professor August Weckbecker, der anhand überlieferter Kupferstiche eine Nachbildung des früheren Bildes der »Patrona Spirensis« schuf, einen entsprechenden Auftrag. In den Gesichtszügen Marias verwirklichte er seine eigenen künstlerischen Vorstellungen, das gotische Faltensystem der Kleidung ist dagegen beibehalten worden. Nach ihrer Weihe in Rom wurde das neue Gnadenbild zunächst am 1. Juli 1930 in Waghäusel aufgestellt, ehe es am 6. Juli feierlich in den Speyerer Dom überführt wurde. Zur 950-Jahrfeier 1980 erhielt die Statue eine neugotische Farbfassung.

Nach den verheerenden Ereignissen bot der Dom ein trauriges Bild: Die westlichen Joche und Gewölbe des Langhauses – des Mittelschiffes und der Seitenschiffe – waren eingestürzt, das Innere völlig ausgebrannt. Die Ostpartie blieb trotz der schweren Schäden stehen, das Westwerk ragte als Ruine in die Höhe. Sakristei und Krypta waren zwar vorschont geblieben, jedoch komplett ausgeplündert worden: Die westliche Reihe der Kaisergräber war aufgebrochen und durchwühlt worden, die östliche Reihe, die Gräber der Salier, die tiefer unter einer Kalkmörtelschicht lagen, war dagegen unversehrt geblieben.

Nachdem Frankreich im Frieden von Rijswijk (1697) eine erneute Besiedlung von Speyer zugestanden hatte, ließen Bischof und Domkapitel die Ostpartie des Domes durch eine Mauer abriegeln und für den Gottesdienst wieder herrichten. Das Gnadenbild kehrte 1709 in den Dom zurück. In seinem Bericht an Johann Hugo von Orsbeck griff Rollingen auch die Frage auf, ob der Brand des Domes ein verhängnisvoller Zufall oder Absicht gewesen war. Er gibt die unterschiedlichen Meinungen wieder und die Argumente, die für die eine wie für die andere Auffassung sprechen, ohne zu einem Ergebnis zu kommen.

Die Stadt Speyer war – mit Ausnahme des Altpörtels, der Gilgenvorstadt mit dem Karmeliter- und dem Kapuzinerkloster sowie des in Altspeyer gelegenen St.-Klara-Klosters – nahezu komplett zerstört worden. Von dem Bild, das sich den Heimkehrenden bot, berichtet eine Ordensfrau aus dem Dominikanerinnenkloster St. Magdalena: *Da wir das erste Mal wieder nach Speyer kamen, da ist nichts als ein lauterer Steinhaufen mannshoch mit Hecken, Disteln und Dörnern auf unserem Platz gewesen ... Zehn ganze Jahre ist keine von uns hergekommen: Da kann man denken, wie uns gewesen, weil da nichts zu sehen war als ein lauterer Greuel der Verwüstung.*

Landsknecht mit Banner, Holzschnitt von 1540. – Das Banner, das der Landsknecht schwingt, zeigt das Speyerer Stadtwappen. Im Hintergrund ist Speyer zu sehen mit dem Diebsturm und der Diebsbrücke über den Speyerbach links, gefolgt vom Wormser Tor und dem Heilig-Grab-Kloster rechts.

Blick auf die Ruinen des Ratshofes, rechts auf die zugemauerte Eingangstür zur Audienzstube des Reichskammergerichts, Aquarell von Franz Stöber, 1789. – Im

Jahr der französischen Revolution, einer Zeitenwende, und hundert Jahre nach ihrer Zerstörung lagen noch große Teile der Stadt voller Schutt.

Eine Barockstadt entsteht

Bei den auf den Französischen Erbfolgekrieg folgenden Friedensverhandlungen waren die Entschädigungsforderungen der Stadt von den Vertretern Frankreichs strikt abgelehnt worden. Lediglich das Domstift erhielt eine geringe Entschädigungszahlung. Etwa 800 Bürgerhäuser und mehr als 100 zum Domstift gehörende Häuser waren nahezu vollkommen dem Erdboden gleichgemacht worden. Nur langsam wuchs aus den Trümmern eine neue Stadt hervor, die allerdings nur wenig von dem Glanz der alten Reichsstadt hatte. Der Französische Erbfolgekrieg bedeutete eine Zäsur in der Geschichte der Stadt, von der sich Speyer nie mehr ganz erholen konnte.

Nachdem bis 1697 eine Rückkehr der Speyerer in ihre Stadt nicht möglich war, konnte am 6. Januar 1698 der Rat, der aus seinem Exil in Frankfurt zurückgekommen war, seine erste Sitzung nach den Kriegsverheerungen in Speyer abhalten und rief hier zum Wiederaufbau der Stadt auf. Diesem Aufruf folgten viele Speyerer, aber auch nicht wenige Neubürger. Er erfolgte ab 1700 dem Zeitgeschmack gemäß im Stil des Barock auf dem Grundriss der mittelalterlichen Stadt. Es entstanden in den ersten Jahrzehnten des 18. Jahrhunderts zahlreiche neue Wohnhäuser, Kirchen und kommunale Verwaltungsbauten in schlichten Barockformen: 1726 das Rathaus, das Kaufhaus am Marktplatz, nicht weit davon die lutherische Dreifaltigkeitskirche 1717 und die reformierte Heilig-Geist-Kirche 1704. Trotz der Beseitigung der Schäden und der allmählichen Rückkehr zur Normalität und Ordnung kehrte das Reichskammergericht nicht nach mehr Speyer zurück, sondern nahm seinen Sitz in Wetzlar.

Als der 1719 zum Bischof gewählte Damian Hugo von Schönborn sich mit dem Gedanken trug, seinerseits wieder in Speyer zu residieren, wehrte sich der Rat energisch dagegen. Zu lebendig waren noch die Auseinandersetzungen zwischen Stadt und

Ansicht des östlichen Stücks der Hauptstraße, des Weinmarkts, mit Blick auf die romanische Westfassade des Doms, die zu dieser Zeit allerdings nicht mehr bestand, Gouache, um 1750. – Vor dem Mittelportal des Doms steht der Domnapf, rechts vorn das 1712–1726 erbaute Rathaus, links die untere Fleischschranne. Die Glockenkuppel des Doms trägt bereits eine barocke Haube. Die Häuser scheinen nach den Zerstörungen von 1689 alle wieder aufgebaut und geben ein stattliches Bild ab.

Bischof Heinrich Hartard von Rollingen (gest. 1719), dem Vorgänger Schönborns, im so genannten Speyerer Bauernkrieg von 1716 in Erinnerung. Hier hatte Rollingen anlässlich von Streitigkeiten über die Holznutzung am städtischen Wald die Stadt über drei Monate lang von 3000 Bauern aus den umliegenden bischöflichen Ortschaften besetzen lassen. Die militärische Aktion des Bischofs verstieß eindeutig gegen herrschendes Reichsrecht, und die Stadt Speyer machte in Wien eine Klage wegen Landfriedensbruch anhängig. Da Fürstbischof von Schönborn mit seinen Bauplänen für eine neue Residenz also in Speyer nicht auf Gegenliebe stieß, ließ er ab 1722 einen großartigen Schlossbau in Bruchsal errichten. Andauernde Beschwerden des Speyerer Stadtrates verleideten dem Bischof zudem seine Besuche in der Stadt, etwa im Jahr 1722, als der Stadtrat Einspruch gegen einen Aufenthalt des Bischofs in Speyer erhob. Schönborn äußerte sich daraufhin verärgert über die Stadt: *Es wäre uns leid, wenn wir tot darin sein müssten, geschweige denn lebendig.*

Der 1689 halb zerstörte Dom wurde um 1700 nur in seinem Ostteil wiederhergestellt; der Westteil dagegen blieb bis weit in die zweite Hälfte des 18. Jahrhunderts Ruine. Zwischen Ost- und ruinösem Westbau klaffte eine breite Lücke. Um 1755 erfolgte der Abriss der Westtürme und des größten Teils des Westwerkes. Für zwei bis drei Jahrzehnte war der Dom nur ein Torso. Das Langhaus wurde um 1780 nach Plänen von Franz Ignaz Neumann wieder errichtet und erhielt eine barocke Fassade mit Kuppeln und Rundtürmen. Anstelle der vormaligen Giebel erhielten Chor und Querhaus abgewalmte, also an allen Seiten abgeschrägte Dächer (siehe Buchinnenseite hinten).

Um 1750 war die Stadt wieder weitgehend aufgebaut. Doch zeigte sich, dass die Zeit des politisch und wirtschaftlich bedeutenden, wohlhabenden und bevölkerungsreichen Speyer endgültig vorbei war. Die Stadt hatte am Ende des 18. Jahrhunderts nicht mehr als 2800 Einwohner.

Der Dom von Südosten, nachdem
auch noch das Westwerk abgebrochen war,
lavierte Federzeichnung um 1755/56

»Pflanzung des Freiheitsbaumes zu Speier 1798«, Kupferstich von Johannes Ruland. – Bereits 1792 und 1794 waren von den französischen Revolutionstruppen Freiheitsbäume in Speyer gesetzt worden. Ob das Ereignis tatsächlich von einer so großen Menschenmenge verfolgt wurde, darf dahingestellt sein.

Unter französischem Regiment

1792 eroberten unter dem Vorzeichen des sich ankündigenden Ersten Koalitionskriegs französische Truppen Speyer. Die Französische Revolution von 1789 zeigte Folgen: Die militärischen Auseinandersetzungen der nächsten zwei Jahrzehnte und ihre fundamentalen Veränderungen für Deutschland standen vor der Tür. Zahlreiche Einwohner flohen aus der Stadt. Die Franzosen plünderten Speyer und erklärten alle bisher bestehenden Bindungen der Bürger an die Obrigkeit für aufgehoben. Sie beseitigten die Zünfte und den Stadtrat, enteigneten die Kirchen und vertrieben die Geistlichen. Der kirchliche Besitz wurde als Nationalgut konfisziert. Die reichsstädtische Geschichte der Stadt hatte damit de facto ihr Ende gefunden. Äußeres Symbol der Veränderung war das Aufstellen eines Freiheitsbaums an der Hauptstraße. Hinzu kam die Gründung eines revolutionären Clubs, der »Constitutionsgesellschaft«, durch einige Speyerer Bürger, die sich für die Ziele der Französischen Revolution begeisterten und auch in Deutschland eine politische und gesellschaftliche Veränderung der Verhältnisse herbei wünschten.

Der für das revolutionäre Frankreich erfolgreiche Kriegsverlauf bewirkte, dass Speyer ab dem 21. März 1797 offiziell der französischen Republik angehörte. Speyer wurde Kreisstadt des Kantons Speyer im Département du Mont-Tonnerre und Sitz eines Unterpräfekten. Die Bevölkerungszahl erfuhr in der nachfolgenden Zeit einen deutlichen Zuwachs und belief sich 1813, im Jahr der Völkerschlacht von Leipzig, die das Ende der französischen Vormachtstellung in Europa brachte, auf rund 6000 Einwohner. In dieser Zeit erlitt Speyer in seiner baulichen Gestalt erneut erhebliche Schäden. Die Stadtmauern wurden nach 1689 zum zweiten Mal geschleift, der Dom und die Dreifaltigkeitskirche beschädigt sowie das leerstehende Franziskanerkloster und das ehemalige St.-Moritz-Stift abgebrochen. Das St.-Guido-Stift wurde in eine

Krappmühle umgewandelt, in eine Mühle, in der die Wurzeln einer heimischen Färberpflanze, eben des rotfärbenden Krapps, für ihre spätere Verwendung zerrieben wurden. Mehrere Domherrenhöfe wurden abgerissen, andere versteigert. Als Joseph von Eichendorff 1807 als Heidelberger Student Speyer besuchte, bezeichnete er es als *ein rührender Trümmer alter deutscher Kraft und Herrlichkeit, (die) immer unbedeutender wird und bange Empfindungen erweckt.*

Bei dieser Gelegenheit besuchte er auch den Dom, *ein ungeheures, schönes Gebäude, vorn mit Säulen und Kuppeln, schon über achthundert Jahre alt, und erst seit der Revolution Ruine.* Denn kaum wieder hergestellt, war der Dom 1794 durch französische Revolutionstruppen verwüstet, seiner gesamten Ausstattung beraubt und profanisiert worden. Auch das Gnadenbild wurde dabei zerstört. Elf Jahre später, 1805, wurde er von der französischen Verwaltung sogar zum Abbruch bestimmt. An seine Stelle sollte eine Parkanlage zu Ehren Napoleons, der den Zenit seiner militärischen Erfolge erreicht hatte, angelegt werden. Nur die Vorhalle wäre nach diesen Plänen als Triumphbogen weiter erhalten geblieben. Den hartnäckigen Anstrengungen des Mainzer Bischofs Josef Ludwig Colmar und dem Eingreifen des französischen Kultusministers Jean-Étienne-Marie Portalis war es schließlich zu verdanken, dass das Gebäude gerettet und durch ein kaiserliches Dekret vom 23. September 1806 der katholischen Gemeinde als Pfarrkirche überlassen wurde. Das Bauwerk war jedoch mittlerweile in einem so schlechten Zustand, dass es als Kirche nicht genutzt werden konnte.

In der Napoleonischen Zeit wurde in Speyer kein bedeutendes Bauwerk errichtet. Es wurden jedoch umfassende Pläne zur Begradigung und Verbreiterung der Straßen angefertigt; ihre vollständige Verwirklichung hätte die historisch gewachsenen Stadtanlagen als Ganzes zerstört. 1812 wurde dieses Vorhaben am nördlichen Ende der Stadt begonnen; die Wormser Landstraße zwischen der ehemaligen Diebsbrücke am Nonnenbach und dem St.-Guido-Stifts-Platz wurde in eine Avenue umgewandelt. Das Ende der französischen Zeit verhinderte weitere Veränderungen im Stadtbild. Denn die Kämpfe zwischen den Truppen der Alliierten und denen der Franzosen endeten für Speyer mit dem Abzug der französischen Besatzungstruppen am 31. Dezember 1813.

Der bischöfliche Beamte Dusch aus Bruchsal berichtet am 5. Juni 1794

Montags den 2ten Junius nachmittags 2 Uhr kam ich zu Speyer an: sogleich nahm ich den ersten Augenschein äußerlich am Fürstenhause und sah, dass das ganze Dachwerk äußerst ruiniert und zu dessen Wiederherstellung bis 40 000 Ziegel erforderlich sind. […] Von dem Fürstenhause begab ich mich zur Dechanei, fand dieselbe ganz abgebrannt, und sonst weiter nichts als noch den Rauch und das teerige schwarze Mauerwerk. […] Die Jesuitenkirche ist gänzlich ausgeleert, die Kanzel an der Wand verbrannt […]. Die Zimmer gleichen […] einem Schweinestalle […]. Der Pfalzbau ist so wie alle übrigen erwähnten Gebäude äußerst beschädiget […]. In der lutherischen Kirche sind die Stühle, Emporkirche und Kanzel noch vorhanden, das Orgelwerk aber hat keine Pfeifen mehr; […] die Fenster sind eingeschlagen – die 4 Evangelisten vom Portal heruntergestürzt […]. An der Kirche des Frauenklosters zu St. Klara […] findet sich […] kein sonderlicher Schaden vor; wegen dem außerordentlichen Gestank und Unflat aber […] kann innerhalb einem Jahre noch kein Gottesdienst darin abgehalten werden. […]. Das Altpörtel verlor sein eisernes Geländer und seine Glocke, statt dieser wurde das kleine Spitalglöckchen hinauf gehängt, welches, so viel man dermalen weiß, noch das einzige in der Stadt ist.

Bayerische Kreishauptstadt

Eine neue Bedeutung für die Stadt

Nach einer kurzen bayerisch-österreichischen Übergangszeit wurde die Pfalz und mit ihr Speyer durch den Münchener Vertrag zwischen Bayern und Österreich vom 14. April 1816 bayerisch. Speyer wurde die Hauptstadt des neu gebildeten Bayerischen Rheinkreises. Am 1. September 1816 wurde die »kgl. Regierung der bayerischen Lande am Rhein« in Speyer eingerichtet. Die Stadt hatte somit wieder an Bedeutung gewonnen.

In keiner anderen bayerischen Kreishauptstadt mussten so viele Gebäude für die Verwaltungsbehörden und die Bedürfnisse der ›neuen‹ Zeit neu errichtet werden: Dazu gehörten neben dem Umbau des nunmehrigen Regierungsgebäudes zwischen Maximilianstraße und Kleiner Pfaffengasse (1824), ein Gemeindeschulhaus in der Großen Himmelsgasse (1825), der Bahnhof (1847-1849), die Realschule am heutigen Willi-Brandt-Platz (ab 1866), der Alte Stadtsaal (1887), die Roßmarktschule (1890) und das Protestantische Konsistorium (1892/93) (heute Sitz des Landeskirchenrates), die Oberpostdirektion (1899-1901), das Rentamtsgebäude (1901 Finanzamt, Ecke Ludwigstraße/Hilgardstraße), das Amtsgerichtsgebäude (jetzt im Besitz der Evangelischen Kirche der Pfalz), das Kreisarchiv (1902), das Humanistische Gymnasium (1902/03), die Kreisversicherungsanstalt (heute Stadthaus, 1902/03), das Bischöfliche Ordinariat (1904-1907), das Historische Museum der Pfalz (1907-09), das Bezirksamt (jetzt Seelsorgeamt des Bischöflichen Ordinariates), die Pestalozzischule (1910), die Zeppelinschule (1911/12) und das

»Einzug Ihrer Majestäten des Königs und der Königin von Bayern in die Kreishauptstadt Speyer am 7. Juny 1829«, Lithographie, 1829. – Im Jahr zuvor war durch Ludwig I., der 1825 den bayerischen Königsthron bestiegen hatte und sich während seiner Herrschaft nachdrücklich um die kirchliche Restauration, besonders für die Wieder- und Neuerrichtung der Klöster bemühte, das Dominikanerinnenkloster St. Magdalena in Speyer wieder eröffnet worden. Das in der »Franzosenzeit« zum Erliegen gekommene kirchliche Leben in Speyer erlebte in der bayerischen Zeit eine neue Blüte.

Gebäude der späteren Landesbibliothek in der Johannesstraße (1912) sowie zwei Kasernen.

Auch für die Kirchen in der Stadt brachten die Jahre nach 1817 einen Neuanfang. Die Revolutionswirren hatten die Auflösung des alten Bistums Speyer eingeleitet.

Das alte und das neue Bistum Speyer

Der Sprengel der alten Diözese Speyer war bis zum Jahr 1801 im Wesentlichen unverändert geblieben. Das Bistum gehörte bis zu diesem Zeitpunkt kirchenrechtlich zur Kirchenprovinz Mainz. Linksrheinisch umfasste es größtenteils die heutige Pfalz und Teile des nördlichen Elsass, rechts des Rheins erstreckte es sich weit bis ins heutige Baden-Württemberg.

Die Wirren der Französischen Revolution führten zum Untergang des alten Bistums Speyer. Endgültig aufgelöst wurde es durch den Friedensschluss von Lunéville im Jahr 1801, nach dessen Bestimmungen die linksrheinisch gelegenen deutschen Territorien an Frankreich abgetreten werden mussten, und durch den daraufhin erfolgten Konkordatsabschluss mit Frankreich (ebenfalls 1801). Der größte Teil des linksrheinischen Gebiets des ehemaligen Bistums, das deckungsgleich mit dem damaligen Departement Mont-Tonnère (Donnersberg) war, kam zur neu gebildeten Diözese Mainz. Das Gebiet südlich der Queich wurde dem Bistum Straßburg zugeteilt. Der letzte Speyerer Fürstbischof Wilderich von Walderdorf (1797–1810) verwaltete lediglich noch den rechtsrheinisch gelegenen Rest des Bistums weiter. Als im Zuge der politischen Neuordnung Europas nach dem Wiener Kongress (1814–1815) Bayern 1816 auch Gebiete links des Rheins erhielt, erfolgte auch eine Neuordnung der kirchlichen Verhältnisse. Durch das Bayerische Konkordat von 1817 wurde das Bistum Speyer nun in wesent-

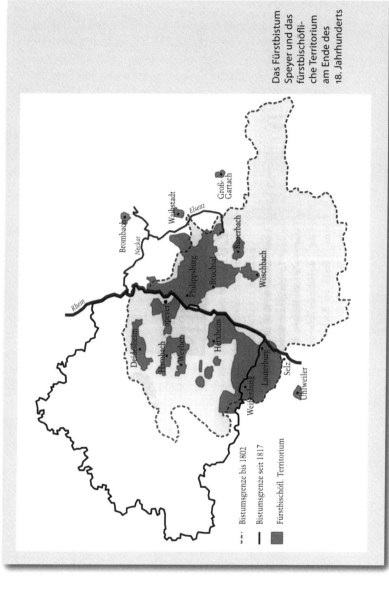

Das Fürstbistum Speyer und das fürstbischöfliche Territorium am Ende des 18. Jahrhunderts

> lich kleinerer Gestalt reorganisiert. Es wurde auf das Gebiet des bayerischen Rheinkreises (seit 1838 »Pfalz« genannt) festgelegt und der Kirchenprovinz Bamberg zugeordnet. Heute umfasst das Bistum den pfälzischen Teil des ehemaligen Regierungsbezirkes Rheinhessen-Pfalz (im Bundesland Rheinland-Pfalz) mit 5447,98 km² und den Saarpfalzkreis (im Saarland) mit 445,54 km². Der Gesamtgebietsumfang des neuen Bistums beträgt demnach 5893,52 km².

1794 hatte Bischof Damian August von Limburg-Styrum vor französischen Truppen flüchten müssen. Unter napoleonischer Herrschaft trat 1801 durch den Abschluss des Konkordats mit Frankreich – eines Vertrags, der die Beziehung zwischen Staat und Kirche regelt – eine einschneidende Veränderung ein: Das Speyerer Diözesangebiet wurde anderen Diözesen zugeteilt. Das traditionsreiche und auf eine lange Geschichte zurückblickende Bistum hatte somit aufgehört zu bestehen. Durch das nachfolgende Konkordat mit Bayern von 1817, das erst 1821 in die Praxis umgesetzt wurde, wurde das Bistum wieder errichtet, allerdings auf das Gebiet des Bayerischen Rheinkreises beschränkt und der Kirchenprovinz Bamberg zugeordnet. 1821 wurden die bis heute bestehenden Diözesangrenzen, seine Verwaltungsgrenzen, festgelegt. Aber erst Anfang des Jahres 1822 kam der neue Bischof Matthäus Georg von Chandelle aus Aschaffenburg, wo er Direktor des erzbischöflichen Regensburger Vikariats war, nach Speyer.

1818 war zudem die Vereinigte evangelisch-protestantische Landeskirche durch die Union der lutherischen und reformierten Konfession geschaffen worden. Auch deren Kirchenregierung, das Konsistorium, nahm ihren Sitz in Speyer. Dass von nun an zwei Kirchenleitungen ihren Sitz in Speyer hatten, trug ebenfalls ganz wesentlich zur Aufwertung der Stadt bei. Neben der weltlichen und den beiden kirchlichen Regierungen war das 1817 neugegründete »Gymnasium« ein nicht zu unterschätzender Faktor für das Ansehen und den Ruf der Stadt. Es sollte die Tradition des Ratsgymnasiums von 1540 fortsetzen. Als besondere Auszeichnung erhielt es eine »Lycealklasse«, deren Ausbildung bereits universitären Charakter hatte.

Bauboom: gründerzeitliche Vorstadt und Gedächtniskirche

Der nach einer notdürftigen Wiederherstellung 1822 neu geweihte Dom wurde als »Nationaldenkmal« betrachtet und als solches vor allem durch den bayerischen König Ludwig I. gefördert. Der nationale Erneuerungsgedanke verband sich mit der Erinnerung an die im Speyerer Dom bestatteten Kaiser und Könige des Mittelalters. Man bezeichnete den Dom gerne als »Burg und Warte«, als »Bollwerk« gegen Frankreich, das 1840 erneut die Rheingrenze gefordert hatte. *Zudem*, so schrieb 1849 Bischof Nikolaus von Weis an den bayerischen König Maximilian II., *hat der Kaiserdom für das große einige Deutschland [...] eine deutsche Bedeutung wie kein anderer Dom*. Von 1846 bis 1853 wurde das Dominnere – veranlasst von Ludwig I. – in nazarenischem Stil von dem Historienmaler Johann Schraudolph und dem Dekorationsmaler Josef Schwarzmann ausgemalt. Der großen Bilderreihe lag die Stellung Mariens in der Heilsgeschichte und das Leben und Wirken der Heiligen Stephanus und Bernhard als Gesamtkonzept zugrunde. Durch die Ausmalung des Langhauses – vor allem durch die Ornamentmalerei – ging der romanische Charakter des Innenraumes fast vollständig verloren. Bei der 1957 begonnenen Restaurierung des Domes wurden deshalb die Ornamentmalerei Schwarzmanns ganz entfernt und von Schraudolphs 123 Gemälden nur vierundzwanzig im Mittel-

»Die Kreishauptstadt Speyer im Jahre 1821«, Ausschnitt. – Die Längsachse des Doms wird von der zentralen Straße der Stadt, der Maximilianstraße, fortgesetzt. Oberhalb des Doms fließt der Rhein, die Stadtmauern sind zu dieser Zeit noch nicht von der städtischen Ansiedelung übersprungen.

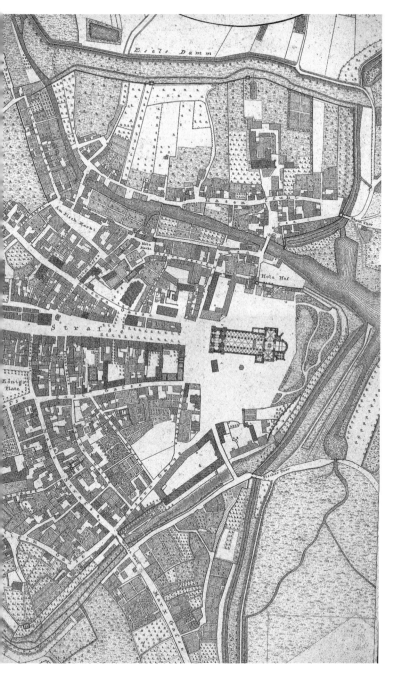

Entwurf des Westbaus des Doms von Heinrich Hübsch 1855,
Lithographie von L. Engässer

schiff belassen. Von 1854 bis 1858 erfolgte nach Plänen von Heinrich Hübsch die Errichtung des Westbaus mit Vorhalle und von drei Türmen im Stil der Neoromanik. Zwischen 1900 und 1906 wurden die Kaisergräber geöffnet, und in Verbindung mit der Krypta wurde eine eigene Kaisergruft geschaffen.

Die Speyerer Grablege

Die Schaffung einer begehbaren Kaisergruft in Verbindung mit der Krypta erfolgte erst 1900 bis 1906 und brachte eine weitere wesentliche Veränderung des Domes mit sich. Es gab ursprünglich keine Gruft, die Gräber lagen am Ende des Mittelschiffes vor dem Lettner, einer Schranke vor dem Chor, und dem Kreuzaltar. Man hatte die Gräber ursprünglich mit Erde überschüttet, wodurch der »Königschor« entstand. Ein Doppelmonument, das mit Marmorplatten mit entsprechenden Inschriften überdeckt war, zeigte ihre Stelle an. Dieses Monument und ein Teil der Gräber waren 1689 zerstört worden. Daraufhin wurde um 1700 alles eingeebnet. Als im Jahr 1900 die Kaisergräber geöffnet, die Grabbeigaben entnommen und die Toten wiederbestattet wurden, wurde über den Särgen ein Gewölbe errichtet, so dass die Gräberzone betreten werden konnte. In der ersten Reihe ruhen die in Speyer bestatteten salischen Herrscher sowie zwei Kaiserinnen. Zu ihnen gesellen sich in der zweiten Reihe verwandte Hohenstaufer und zwei Könige aus dem Hause Habsburg. In der dritten Reihe ruhen fünf Bischöfe. In der nördlichen Mauernische ist der in einen neuen Sarg gebettete Salier Heinrich V. bestattet. Die Beigaben aus den Gräbern sind heute in der Domschatzkammer im Speyerer Historischen Museum der Pfalz zu sehen.

Ab 1960 wurde die Vorkrypta wiederhergestellt. Vor dem Gräberblock wurde das mit Porträtzügen ausgestattete Grabbild

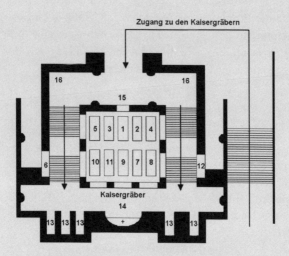

1. Kaiser Konrad II., gest. 1039, Gründer des Domes
2. Kaiserin Gisela, gest. 1034, Gemahlin Konrads II.
3. Kaiser Heinrich III., gest. 1056, Sohn Konrads II.
4. Kaiserin Berta, gest. 1087, Gemahlin Heinrichs IV.
5. Kaiser Heinrich IV., gest. 1106, Sohn Heinrichs III.
6. Kaiser Heinrich V., gest. 1125, Sohn Heinrichs IV.
7. Kaiserin Beatrix, gest. 1184, 2. Gemahlin Friedrich Barbarossas Tochter Agnes
8. König Philipp von Schwaben, gest. 1208, Sohn Friedrich Barbarossas
9. König Rudolf von Habsburg, gest. 1291
10. König Adolf von Nassau, gest. 1298
11. König Albrecht von Österreich, gest. 1308, Sohn Rudolfs von Habsburg
12. Sammelsarg
13. Bischöfe
14. Gruftaltar
15. Grabplatte Rudolfs von Habsburg (ca. 1290)
16. Kaiser- und Königreliefs (1475)

Gründerzeitliche Vorstadt und Gedächtniskirche 125

Grabplatte Rudolfs von Habsburg. – Auf der Brust trägt Rudolf von Habsburg als Kaiser des deutschen Reichs den Reichsadler, links ist der ›Kopf‹ des beschädigten Zepters als Teil der Reichsinsignien zu sehen. Ungewöhnlich sind die Runzeln auf seiner Stirn: Entgegen der zeittypischen ›idealen‹ Herrscherdarstellung hat der unbekannte Steinmetz der Grabplatte Rudolf von Habsburg individuelle Züge verliehen.

König Rudolfs (entstanden um 1290), eine Arbeit mittelrheinischer Prägung, aufgestellt. Es war 1806 in der Ruine des Johanniterklosters aufgefunden und 1822 an den Dom übergeben worden. An den Seitenwänden der Vorkrypta befinden sich zudem zwei Relieftafeln (etwa 1480 geschaffen) mit den Darstellungen der acht in den Steinsärgen ruhenden Kaiser und Könige.

Da die vielen in die neue Kreisstadt drängenden Neubürger kein Geld zum Bauen eigener Häuser hatten, mussten sie sich zunächst mit den bereits vorhandenen Bauten begnügen. Um Platz zu schaffen, wurden deshalb die großen Wohnungen in den Wohnhäusern des 18. Jahrhunderts vielfach unterteilt und dicht belegt. Auch entstanden kleine Häuschen – von Privatleuten vorfinanziert – in der zweiten Hälfte des 19. Jahrhunderts an den Gartenwegen östlich der Armbruststraße in der Mehlgasse, in der Steinmetzergasse und in der Mörschgasse, die an Arbeiter und Handwerker vermietet und verkauft wurden. Außerdem bebaute man auch mehrere von der Hasenpfuhlstraße nach Norden abzweigende Gassen mit kleinen zusammengebauten Häusern.

Für Arbeiter erschwinglich

Eine besondere Maßnahme war in diesem Zusammenhang die Anlage einer »Wohnkolonie« mit Kleinhäusern in der in der Gilgen-Vorstadt gelegenen Kapuzinergasse. Der Unternehmer, ein Privatmann, der die Anlage erbauen ließ, ermöglichte es den Mietern, durch eine Abzahlung in Raten selbst Eigentümer der einfachen Kleinhäuser zu werden.

Speyer hatte 1850 rund 10 000 Einwohner. Bis etwa 1870 verlief der Bevölkerungsanstieg gemächlich, entwickelte sich aber danach umso schneller: Im Jahr 1900 besaß die Stadt mehr als 20 000 Einwohner. Der stetige Anstieg der Einwohnerzahl brachte es mit sich, dass sich Speyer seit den achtziger Jahren des 19. Jahrhunderts ohne ein stadtplanerisches Konzept nach Südwesten ausdehnte. Die so entstandene gründerzeitliche Vorstadt ist von überwiegend zweigeschossigen Wohnhäusern geprägt. Zwischen 1870 und 1910 schlossen sich diese langsam zu

Häuserzeilen zusammen. Nur kurze Straßenabschnitte wurden einheitlich erstellt.

Um 1900 war das Gebiet zwischen der Bahnlinie im Nordwesten und der Diakonissenstraße im Südosten bis zur Bismarck- und Schraudolphstraße im Südwesten weitgehend bebaut. Die zunächst seit den achtziger Jahren des 19. Jahrhunderts weit außerhalb der Stadt gelegenen Gebäudekomplexe der Kasernen und der 1885 errichteten Evangelischen Diakonissenanstalt wurden somit schon bald von der Wohnbebauung erreicht.

Die Errichtung der Gedächtniskirche zur Erinnerung an die »Protestation« auf dem Speyerer Reichstag 1529 in den Jahren zwischen 1893 und 1904 und der Bau der St. Josephskirche 1912 bis 1914 verliehen dem Stadtbild vor dem Ersten Weltkrieg neue Akzente. 1856 fassten die pfälzischen Protestanten – angeregt durch die vom bayerischen König geförderten Baumaßnahmen am Speyerer Dom – den Plan, ihrerseits an die »Geburtsstunde des Protestantismus« durch einen bedeutenden Kirchenbau zu erinnern. Es wurde ein Bauverein für die neu zu errichtende Kirche gegründet, der 1857 erstmals mit einem Spendenaufruf an die Öffentlichkeit trat: Man wolle *ein Gotteshaus bauen, zu dem alle Protestanten auf Erden die Bausteine liefern sollten...* Die Bemühungen des Bauvereins, Spenden einzuwerben, waren sehr erfolgreich, denn nicht nur deutsche Protestanten, sondern auch ausländische, insbesondere aus den USA, unterstützen das Bauprojekt, ebenso die jüdische Gemeinde in Speyer. Zahlreiche Spenden gingen von den Bürgern ein. Unterstützung erhielt der Bauverein auch von dem bayerischen König Ludwig II. und insbesondere von Kaiser Wilhelm II., der selbst Protestant war. Als die nötigen Mittel zur Fertigstellung der Kirche noch nicht komplett zur Verfügung standen, gab der Kaiser seine Zusicherung, das Bauobjekt zu fördern.

Die Gedächtniskirche sollte im Stil französischer Kathedralgotik erbaut werden. Ein neoromanischer Kirchenbau kam von

Anfang an nicht in Frage, da dieser zu sehr an den Dom erinnert hätte. Allerdings war beabsichtigt, sich »baukünstlerisch mit dem Dom zu messen« (Herbert DELLWING). Nach der Begutachtung mehrerer Bauplätze zu Beginn des Jahres 1883 wurde, nachdem sich der Platz des ehemaligen Retschers – so benannt nach dem Gebäude der Patrizierfamilie Retschelin – hinter der Dreifaltigkeitskirche nicht als der Ort erwiesen hatte, an dem der Reichstag von 1529 stattgefunden hatte, ein neuer Bauplatz auf dem der Stadt gehörenden Promenadenplatz vor dem ehemaligen Landauer Tor im Südwesten gewählt. Hier war bereits eine neue Vorstadt im Entstehen. Auf einem weiträumigen Platz sollte hier die neue Kirche erbaut werden – städtebaulich gesehen als ein Gegengewicht zum Dom. Die Planungsgeschichte des Kirchenbaus zeigt sehr deutlich, dass die Gedächtniskirche »als ein mit dem Kaiserdom konkurrierendes Gotteshaus aufgefasst« (Herbert DELLWING) und der Dom immer wieder zum Vergleich herangezogen wurde.

Als nächstes wurde ein Architektenwettbewerb ausgeschrieben. An ihm beteiligten sich fünfundvierzig Architekten, von denen zunächst fünf in die engere Auswahl kamen. Sie alle hatten Entwürfe in neogotischem Stil eingereicht. Im November 1884 wurde schließlich die Architektengemeinschaft von Julius Flügge und Karl Nordmann mit den Planungen der neuen Kirche beauftragt, die eine dreischiffige, gewölbte Halle über dem Grundriss eines lateinischen Kreuzes errichteten. Die Gewölbe wurden aus leichtem Tuffstein gestaltet, alle übrigen Baukomplexe aus Sandstein erstellt. Vor dem Langhaus wurde ein 105 Meter hoher, sechseckiger Turm, der höchste in Speyer, erbaut.

Mit der Zusage Wilhelms II., den Kirchenbau finanziell zu unterstützen, konnten die Bauarbeiten begonnen werden; die kaiserliche Familie stiftete außerdem die Fenster im Chor und gab ihre Zustimmung für die Benennung des Chorraum als »Kaiserchor«. Der Tag der Grundsteinlegung war der 24. August 1893.

Die Gedächtniskirche während ihrer Erbauung,
aufgenommen um 1900

Im Jahr 1900 war der Rohbau bis zum Dachfirst erstellt. Nach elf Jahren Bauzeit wurde die Kirche schließlich am 31. August 1904 eingeweiht. 1908 kamen der Altaraufbau und 1914 die bronzenen Standbilder in der Gedächtnishalle im Untergeschoss des Turmes hinzu. Die Dächer wurden mit farbig glasierten Ziegeln im Rautenmuster belegt.

Bedeutende Glasfenster

Die Kirche besitzt einen umfassenden Glasmalereizyklus, den zahlreiche führende deutsche Glasmalereiwerkstätten geschaffen haben und der die beiden Weltkriege unbeschadet überstanden hat. Das Bildprogramm setzt die Reformation in Beziehung zu Geschehnissen im Alten und Neuen Testament. So zeigen die großen Fenster über den Emporen des Langhauses rechts die drei »Gesetzgebungen«: Moses auf dem Berg Sinai, wo er die zehn Gebote empfangen hat, die Bergpredigt Jesu und Martin Luthers Thesenanschlag als Auftakt der Reformation. Auf der linken Seite sind drei »Berufungen« dargestellt: die Berufung Jesajas zum Propheten, die Bekehrung des Paulus und seine Berufung zum Apostel sowie die Berufung Johannes Calvins nach Genf. Das große Mittelfenster der Apsis zeigt die den Kirchenraum dominierende Gestalt des segnenden Christus, links davon sind der Apostel Paulus und die Reformatoren Philipp Melanchthon und Martin Luther zu sehen, rechts von Christus der Apostel Johannes und die Reformatoren Huldrych Zwingli und Johannes Calvin.

Auf die Bemühungen des evangelischen Bevölkerungsteils um die Errichtung der Gedächtniskirche reagierten die Speyerer Katholiken ihrerseits bereits seit 1856 mit Anstrengungen, eine zweite katholische Pfarrkirche neben dem Dom, der auch Pfarr-

Blick vom Altpörtel über das Quartier Große Gailergasse und Gilgenstraße auf die Josephskirche rechts und die Gedächtniskirche mit ihrer charakteristischen Rosette links, aufgenommen nach 1915.

kirche war und ist, in der Stadt zu errichten. Als der »Verein zur Erbauung der Gedächtniskirche« im Jahr 1883 den Bauplatz erwarb, bemühte man sich auf katholischer Seite um ein Gelände in dessen unmittelbarer Nähe, um dort die Josephskirche zu erbauen. Der ursprüngliche Bauplatz lag gegenüber der heutigen Kirche und wurde später eingetauscht. Der für das Vorhaben unerlässliche Kirchenbauverein wurde 1887 gegründet. Treibende Kraft bei dem Bauvorhaben war der Dompfarrer Valentin Münch. Am 9. Juni 1912 wurde hier der Grundstein gelegt. In der Predigt des Dompfarrers Josef Schwind werden die Motive des Kirchenbaus deutlich. Ohne die Protestation und den Bau der Gedächtniskirche zu erwähnen, wird sofort die Gegenposition deutlich: Statt eines Kirchenbaus für die Welt soll bei der Josephskirche die *Anhänglichkeit an die engere Heimat* und die Treue zum bayerischen Königshaus bezeugt werden. Bei der Gedächtniskirche war ja – wie bereits erwähnt – Kaiser Wilhelm II. der Protektor des Baues gewesen.

Mit der Planung der Josephskirche wurde 1899 der Mainzer Dombaumeister Ludwig Becker beauftragt. Er konzipierte eine Kirche in Jugendstilformen und gestaltete sie »bewusst als Denkmal der Gegenreformation, indem er die zur Zeit nach der Gründung des Jesuitenordens (1540) üblichen Stilformen an der Josephskirche« aufgriff. »Die Kirche nimmt so den Rang eines konfessionellen Denkmals ein« (Clemens JÖCKLE). Am 2. August 1914 wurde die Josephskirche geweiht. Der Festgottesdienst stand unter dem Zeichen der deutschen Mobilmachung und der Kriegserklärung an Russland: Eine Zeitenwende stand vor der Tür.

Mittelpunkt der Pfalz

Die Kreishauptstadt Speyer war im 19. Jahrhundert unbestritten der geistige und kulturelle Mittelpunkt der Pfalz. Zahlreiche bedeutende Vertreter aus den Bereichen Kunst und Literatur, Naturwissenschaft und Technik wurden hier geboren oder waren mit der Stadt verbunden. So ist Speyer der Geburtsort der Maler Anselm Feuerbach (1829-1880) und Hans Purrmann (1880-1966).

Anselm Feuerbach

Der in Speyer am 12. September 1829 geborene Anselm Feuerbach gehört zu den bedeutendsten deutschen Malern des 19. Jahrhunderts. Er zählt zu den Deutschrömern, einer Kunstrichtung, die von der Antike, besonders der römischen Antike, beeinflusst war. Die wichtigste Zeit seines Schaffens war sein Aufenthalt in Rom von 1857 bis 1872.
1873 wurde Feuerbach als Professor an die Akademie der Bildenden Künste Wien berufen. Dort erhielt er den Auftrag, einen Saal im Gebäude der Akademie mit Plafondmalereien zu dekorieren. Allerdings vollendete er dort nur das Hauptbild »Der Sturz der Titanen«. Für die Lehrtätigkeit war er jedoch weniger geeignet, so dass er bereits 1876 seine Professur in Malerei niederlegte. In den letzten Jahren seines Lebens schuf er für den Justizpalast in Nürnberg das Gemälde »Huldigung Ludwigs des Bayern«. Am 4. Januar 1880 starb er in Venedig. Sein Grab befindet sich auf dem St. Johannis-Friedhof in Nürnberg. Einige seiner bekannten Ölgemälde befinden sich heute im Historischen Museum in Speyer.

Von den zahlreichen mit Speyer verbundenen bedeutenden Persönlichkeiten sei der seit 1813 am Speyerer Lyzeum wirkende

Friedrich Magnus Schwerd

Mathematiker und Physiker Friedrich Magnus Schwerd (1792-1871) genannt. Er hatte auf dem Gebiet der Vermessungskunde, der Astronomie, der physikalischen Optik und der Messkunde große wissenschaftliche Leistungen erbracht und hohes Ansehen genossen. Unter den hier geborenen Schriftstellern, die einen über die Stadt selbst hinausreichenden Ruf erlangten, sind Martin Greif (eigentlich Friedrich Hermann Frey, 1839-1911) und Lina Sommer (geb. Antz, 1862-1932) zu nennen. Wie die gesamte Pfalz zählte auch Speyer in der ersten Hälfte des 19. Jahrhunderts zu den Zentren des Liberalismus. Wer in dieser Zeit ›liberal‹ gesonnen war, dachte ›national‹. Der Speyerer Abgeordnete in der Paulskirche war der Journalist, Schriftsteller, Verleger und Speyerer Bürgermeister Georg Friedrich Kolb (1808-1884).

Auch der bayerische König Maximilian Joseph I. und sein Bruder Otto begeisterten sich für den Freiheitskampf – allerdings nicht für den deutschen, sondern nur für den griechischen. In dieser Zeit erhielten Bayern und Speyer zu Ehren des Grafen Alexandros Ypsilantis, eines griechischen Freiheitskämpfers, ihre heutige Schreibweise mit y.

Zu Wasser und zu Land Ausbau der Verkehrsverbindungen

Im 19. Jahrhundert, in einem Jahrhundert großer Umwälzungen und Innovationen, unternahm Speyer große Anstrengungen, um den wirtschaftlichen Anschluss nicht zu verlieren. Die zunehmende Beweglichkeit von Personen und Gütern, der Ausbau der Verkehrsverbindungen, besonders eines immer verzweigteren Schienennetzes, und die Anbindung auch entlegener Regionen prägten die Anstrengungen dieser Zeit. So baute die Stadt in den dreißiger Jahren des 19. Jahrhunderts ihren Hafen aus. 1836 setzte sie große Hoffnungen auf den Bau einer Eisenbahntrasse von den Steinkohlegruben bei Bexbach bis hin zum Rhein. Der Regierungspräsident forderte, Speyer müsse als Hauptstadt der Pfalz Endstation der Bexbacher Strecke werden. Als Argumente dafür brachte er vor, dass Speyer der Mittelpunkt zwischen Mainz und Straßburg sowie ein alter Handelsplatz sei. Jedoch sprachen sich der größte Teil der Ludwigsbahn-Aktionäre aus Mannheim sowohl gegen Speyer als Endpunkt wie auch generell gegen eine Linienführung über Speyer aus. Die Trasse Neustadt–Rheinschanze, das spätere Ludwigshafen, erhielt schließlich den Vorzug.

Die zerstörten Hoffnungen entmutigten die Stadt aber nicht, eine bessere Verkehrsverbindung ins Rechtsrheinische anzustreben. 1861 befasste sich daher der Stadtrat mit dem Vorhaben, eine

Schiffsbrücke zu bauen, ein Unterfangen, das erst nach längeren Verhandlungen zwischen Bayern und Baden 1865 realisiert wurde.

Als 1869 in Heidelberg ein Bahnkonsortium über eine Bahnstrecke Heidelberg-Schwetzingen-Speyer verhandelte, musste sich Speyer mit einem Notbehelf zufrieden geben: Die 1865 eröffnete Rheinbrücke - eine ›Schwimmbrücke‹, bei der auf 42 eisernen Pontons, eigens konstruierten Schwimmkörpern, eine 234 Meter lange Fahrbahn montiert war - wurde 1873 für den Eisenbahnverkehr ausgerüstet. Zudem wurden vom Hauptbahnhof bis zur Auffahrtsrampe am Rhein 3,4 Kilometer Schienen verlegt und drei Brücken gebaut. Die neue Strecke wurde am 10. Dezember 1873 in Betrieb genommen. Dieses Provisorium blieb fast 65 Jahre bis zur Vollendung der sehnlich erwarteten festen Rheinbrücke im Jahr 1938 bestehen.

Die Speyerer Pontonbrücke im geschlossenen Zustand, aufgenommen um 1900

Ausbau der Verkehrsverbindungen 137

Eine der letzten Fahrten des »Klepperles« über die
schwimmende Brücke, aufgenommen vor April 1938

Im Zuge eines zunehmenden wirtschaftlichen Erfolgs und eines damit erstarkenden Selbstbewusstseins des Bürgertums kam es in der zweiten Hälfte des 19. Jahrhunderts zu zahlreichen Firmengründungen, deren Initiatoren Vertreter der städtischen Mittel- und Oberschicht waren. Es entstanden nun größere Produktionsstätten vor den Toren der Stadt, da das eigentliche Stadtgebiet ja bereits vollständig bebaut war. Dazu zählten zahlreiche Brauereien. 1868/1869 bestanden in Speyer zwanzig Brauhäuser, für die das westlich der Bahnlinie ansteigende Terrain mit mehrstöckigen Gewölben für die notwendige Kühlung des Biers unterkellert wurde. Im Hafengebiet wurden auf der alten Kranenwiese die Ziegelwerke errichtet. In der Nähe der Fabrikationsstätten und somit ebenfalls außerhalb der Stadtmauern ließen die Unternehmer ihre Villen erbauen. Das Gebiet vor den Mauern wurde somit bevorzugtes Wohngebiet für die finanziell besser gestellten Speyerer Bürger. Die Stadt wuchs immer ra-

Briefkopf der Brauerei Schwartz-Storchen-A.G. – Ganz im Zeichen der modernen Zeit zeigt der Briefkopf die Werksgebäude mit rauchenden Schloten und einem Zug, der nicht nur Fahrgäste, sondern auch Erzeugnisse aus Speyer weiterbefördert; über allem fliegt der namengebende Storch.

scher über das angestammte Stadtgebiet hinaus. Dies begann in den sechziger Jahren in der Hilgardstraße und setzte sich dann vor allem nach der Gründung des Deutschen Reiches 1871 und dem damit beginnenden Aufschwung der Gründerzeit mit der Bahnhofstraße fort.

Der Rhein

Der Rhein bildet die östliche Grenze der Stadt und trennt Rheinland-Pfalz von Baden-Württemberg; er tritt bei Stromkilometer 393,8 in die Gemarkung Speyer ein und verlässt sie nach 9,2 km bei Stromkilometer 403. Der Fluss war im Lauf der Jahrhunderte nur selten Grenze gewesen. Eine Grenzsituation galt lediglich

Blick auf die gründerzeitlichen Wohnbauten rund um die Bartholomäus-Weltz-Straße, die als stadtwärtige Verlängerung der Schwerdstraße ab etwa 1890 entstand

für die römische Zeit nach dem Fall des Limes 266 n. Chr. bis zum endgültigen Ende der römischen Herrschaft und seit dem Ende des Alten Reiches ab 1803. Seitdem bildet er auf der Höhe von Speyer die Grenze zwischen Baden und der Pfalz. Die weitaus längere Zeit aber war der Rhein »ein kommunizierendes Element und diente der Verbindung rechts- und linksrheinischer Territorien, was im höchsten Maße befruchtend auf die Anlieger-Landschaften gewirkt hat«.

In der römischen *Civitas Nemetum* lag im Gebiet des späteren Hasenpfuhl an der sich verbreiternden Mündung des Speyerbachs ein Hafen, der vermutlich auch Anlegestellen für größere Lastschiffe hatte. Damals floss der Rhein noch direkt unterhalb des Hügels, auf dem heute der Dom steht, um die durch nacheinander drei Kastelle geschützte römische Siedlung auf dem Ausläufer des Hochufers. Durch Grabfunde sind Fischfang und Schifffahrt im römerzeitlichen Speyer belegt. Nach dem Abzug der Römer (406/407) und während der Wirren der Völkerwanderungszeit lebten unter der provinzialrömischen Bevölkerung auch weiterhin Schiffer, Schiffszimmerleute und Händler. Auf die Bedeutung des Rheins für Speyer weisen auch hochmittelalterliche Münzen mit Schiffsdarstellungen und den Umschriften *Nemetis civitas* und *Spira civitas* hin. Zu den Freiheiten, die 1111 Kaiser Heinrich V. der Stadt Speyer gewährte, zählte auch die Befreiung von Schiffsrequisitionen und von Steuern für Schiffe. Von Speyer aus entwickelte sich der Verkehr nach Norden und Süden auf dem Rhein, von Osten nach Westen über Landstraßen. Um auf die rechte Rheinseite zu gelangen, war eine Fährverbindung notwendig, die bis zur Inbetriebnahme der provisorischen Rheinbrücke 1865 bestand.

Bis zum 19. Jahrhundert floss der Rhein in einem gewundenen, verhältnismäßig flachen und sich weit in östlicher und westlicher Richtung verzweigenden Flussbett. 1826 wurde eine

»Ein new wunderbarlich mönchs schiffung, so zu Speier …
am Rhein geschehen …« – Überfahrt über den Rhein auf Kähnen,
Holzschnitt, 1531

Rheinkorrektur durch den großherzoglich-badischen Oberingenieur Johann Gottfried Tulla durchgeführt. Dabei wurde auf einen Durchstich bei Speyer verzichtet, das andernfalls nicht mehr am Rhein läge. Allerdings wurde durch eine Rheinbegradigung eine alte Flussschleife, also ein Altrheinarm, im Süden der Stadt vom Fluss abgeschnitten. Dieses Gebiet steht heute mit seinem sich nach Norden ziehenden Auwald und seinen Wasserflächen unter europäischem Naturschutz. In der Rheinniederung nordwestlich des Stadtgebietes entstanden durch Sand- und Kiesabbau zahlreiche Baggerseen; das Gebiet »Binsfeld« mit sieben Seen nördlich der A 61 erfreut sich als Naherholungsgebiet großer Beliebtheit. Im äußersten Norden hat Speyer noch Anteil am Angelhofer Altrhein.

Moderne Stadtquartiere

Am Ende des 19. Jahrhunderts bestanden in Speyer 51 Industriebetriebe mit nahezu 3000 Beschäftigten – die kaufmännischen Angestellten nicht mitgezählt. Die Unterbringung dieser zahlenmäßig großen, gering verdienenden Bevölkerungsschicht führte zu einer massiven Wohnungsnot. Der Speyerer Stadtrat hatte

Eine unvergessene Attraktion für die Speyerer war der zugefrorene Rhein im Jahr 1929, denn dies ermöglichte ein ganz besonderes Erlebnis: den Spaziergang zum badischen Ufer und zurück. Man konnte in diesem denkwürdigen Winter vom 16. bis 24. Februar ganz ohne Bedenken über den Rhein gehen. Viele gönnten sich dieses Vergnügen.

bisher den Wohnungsbau gänzlich privaten Initiativen überlassen. Doch musste er nun handeln. 1900 gab es nach dem Vorbild von Ludwigshafen (1897) und Pirmasens (1899) Überlegungen zur Errichtung von Siedlungen in der Trägerschaft durch Baugenossenschaften, doch wurden derartige Pläne erst im zweiten Jahrzehnt des zwanzigsten Jahrhunderts verwirklicht. 1910 beauftragte die Stadt einen Münchener Architekten mit der Ausarbeitung eines umfassenden Bauplanes. Abgesehen von der Beamtensiedlung am Speyerbach, die schon ab 1910 auf einer anderen Grundlage entstand, wurde zugleich mit der Errichtung mehrerer Siedlungen unmittelbar nach dem Ende des Ersten Weltkriegs 1918 begonnen: die Arbeitersiedlung am Woogbach (1919), die Offizierssiedlung am Bahnhof (1920) und die Postbedienstetensiedlung am Wasserturm (1922). Dabei war die 1918 gegründete Gemeinnützige Baugenossenschaft der bedeutendste Bauträger; ihr folgten andere, auf dem genossenschaftlichen Gedanken basierende Vereinigungen nach: die Bauarbeitsgemeinschaft »Neuland« und die Bauarbeitergenossenschaft »Selbsthilfe« (1922), die Bau- und Spargenossenschaft »Gut Heim« (1926) sowie die Gemeinnützige Handwerker-Baugenossenschaft (1927). Durch die erwähnten Siedlungen, bei denen nahe des Stadtkerns die Blockhausweise, weiter außerhalb die Reihenhausbauweise vorherrscht, erweiterte sich das bebaute Stadtgebiet ganz erheblich, insbesondere nach Nordwesten. Dieser Siedlungsbau kam in den dreißiger Jahren zum Abschluss. Mit dem Beginn des Zweiten Weltkriegs 1939 wurden bis auf Weiteres keine zivilen Wohnbauten mehr erstellt.

Zwischen den Weltkriegen

In den ersten Jahren der Besatzungszeit nach dem Ersten Weltkrieg versuchte Frankreich wiederholt, die Pfalz vom Deutschen

Reich abzutrennen. Die 1919 vom französischen General Gérard betriebene Proklamation einer »Republik Pfalz« in Speyer durch den Separatistenführer Eberhard Haaß scheiterte am Widerstand der Speyerer Demonstranten. Nach dem »Bildersturm« auf das Speyerer Regierungsgebäude am 31. August 1921 lehnten die Linksparteien die Aufforderung zum Putsch des französischen Generals Adalbert de Metz, des französischen Oberkontrolleurs für die Pfalz, gegen Bayern und das Deutsche Reich ab. Im Oktober 1923 schließlich brach die SPD die Bemühungen, ein von Bayern unabhängiges Land »Pfalz« zu schaffen, ab. Frankreich wollte einer Abtrennung von Bayern nur dann zustimmen, wenn die Pfalz auch vom Deutschen Reich abgetrennt würde.

Wirtschaftliche Not und Arbeitslosigkeit erhöhten die Spannungen. Mitte November 1923, im Jahr der höchsten Inflation, musste die Speyerer Stadtverwaltung wie viele Kommunen Notgeld herausgeben. Die galoppierenden Preise waren mit dem herkömmlichen Papiergeld nicht mehr bezahlbar. Die Zahl der Arbeitslosen stieg von rund 2500 Mitte Oktober des Jahres auf rund 4560 im November an. Das Ringen um eine eigenständige Pfalz erreichte seinen Höhepunkt: Bewaffnete Separatisten besetzten am Morgen des 10. November 1923 Post, Rathaus und Regierungsgebäude in Speyer und riefen zwei Tage später die »Autonome Regierung« aus. Ihr Anführer war Franz Josef Heinz aus Orbis, der am Abend des 9. Januar 1924, also bereits zwei Nomate später, im Wittelsbacher Hof mit zwei seiner »Minister« erschossen wurde. Damit war die Separatistenherrschaft in Speyer endgültig zusammengebrochen.

Als im Sommer 1924 in Frankreich die Regierung wechselte und General de Metz aus Speyer abberufen wurde, entspannte sich die Situation etwas. Am 27. Mai 1930 verließen die französischen Truppen und am 24. Juni die Gendarmerie die Stadt Speyer. In der Nacht vom 30. Juni auf 1. Juli zog eine Abteilung bayerischer Schutzpolizei in die Stadt ein.

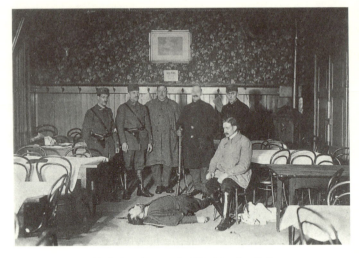

Nach dem Attentat im Wittelsbacher Hof:
Franz Josef Heinz liegt tot am Boden.

Die Jahre 1929 und 1930 brachten der Speyerer Stadtbevölkerung aber auch besondere Höhepunkte: Vom 19. bis 21. Mai 1929 stand die Stadt ganz im Zeichen der 400-Jahr-Feier der Protestation von 1529. Mehr als 120 000 Menschen kamen zu dieser Großveranstaltung der Pfälzer Protestanten. Den Auftakt bildete ein Festgottesdienst am Pfingstsonntag in der Gedächtniskirche, zu dem Gäste aus dem In- und Ausland eingeladen waren. Am Pfingstmontag waren sechsundvierzig Sonderzüge im Einsatz. In allen Kirchen der Stadt fanden Festgottesdienste statt und, da die Räume nicht ausreichten, auch auf dem Turnplatz (dem heutigen Rheinstadion) und hinter der Dreifaltigkeitskirche. Mit dem mittäglichen Festzug erreichten die Feierlichkeiten schließlich ihren Höhepunkt. Er führte den Zuschauern besonders den Einzug der Stände, der Fürsten und Vertreter der Städte zum Reichstag von 1529 in historisch getreuen Kostümen vor Augen. Auf einer Bühne, die auf dem Festplatz aufgebaut war, wurden anschließend die wesentlichen Etappen der Reformation in drei Szenen nachgestellt: Luthers Thesenanschlag am 31. Oktober 1517 in Wittenberg, sein Auftreten auf dem Wormser Reichstag und die Protestation von Speyer. Dabei wirkten 3500 Sängerinnen und Sänger sowie 500 Bläser mit. Am Pfingstdienstag, dem 21. Mai, klangen die Feierlichkeiten mit einem Festakt in der Gedächtniskirche aus.

Am 19. Juli 1930 besuchte Reichspräsident Paul von Hindenburg Speyer. Zudem fiel in diese Julitage auch die 900-Jahrfeier der Grundsteinlegung des Domes. Zahlreiche hohe kirchliche und weltliche Würdenträger sowie zahlreiche Gläubige versammelten sich in Speyer. Der Dom erhielt ein neues Gnadenbild, und die Kirchenmusik wurde durch die »Speyerer Domfestmesse« des Komponisten Joseph Haas bereichert, die am 13. Juli 1930 uraufgeführt wurde. Die einzelnen Partien der Messe gehörten viele Jahre zu den beliebtesten liturgischen Volksgesängen in ganz Deutschland und ihr Text wurde in mehr als zwanzig Sprachen übersetzt. Bereits im Jahr zuvor, 1929, war das Gedenkjahr der Protestation vor 400 Jahren feierlich begangen worden. Der Höhepunkt der Feierlichkeiten vom 19. bis 21. Mai 1929 war ein Festzug, der den Zuschauern besonders den Einzug der Stände, der Fürsten und Vertreter der Städte zum Reichstag von 1529 in historisch getreuen Kostümen vor Augen führte.

Unter dem Hakenkreuz

Die nationalsozialistische Ära in der Geschichte der Stadt

Im Jahr 1933 gab es in Speyer 2234 Arbeitslose; mit ihren Familien waren es etwa 5400 Menschen – und damit rund 20 Prozent der Bevölkerung –, die von Unterstützungen lebten. Die angespannten Verhältnisse trugen zum politischen Umschwung mit bei. Als Adolf Hitler am 30. Januar 1933 von Paul von Hindenburg zum Reichskanzler ernannt wurde, feierten auch die Speyerer Nationalsozialisten – wie überall in Deutschland – Hitlers »Sieg« mit einem Fackelzug. 400 Speyerer Fackelträger traten mit zweitägiger Verspätung den Marsch durch die Maximilianstraße an – erst am 1. Februar, nicht am 30. Januar. Zu diesem Zeitpunkt waren im Speyerer Stadtrat noch acht Parteien und Gruppen vertreten.

Die Speyerer NSDAP erzielte ihr bestes Ergebnis bei der letzten, noch einigermaßen ›freien‹ Reichstagswahl am 5. März 1933 mit 30,2 Prozent. Dennoch waren die NSDAP-Ortsgruppe und die Gauleitung in ihren Erwartungen enttäuscht, denn in der Pfalz konnte die NSDAP insgesamt 46,5 Prozent erreichen. Nach dem Ergebnis der Reichstagswahl waren die Mandate für die traditionellen Speyerer Stadtparteien – führend waren dabei die SPD und die Bayerische Volkspartei – zwar noch in der Mehrheit, doch bereits im August 1933 waren im Stadtrat nur noch Nationalsozialisten vertreten.

In der Sitzung des neuen Stadtrats am 27. April 1933 nannte der Speyerer Oberbürgermeister Karl Leiling (1879-1947) Hitlers Ernennung zum Reichskanzler eine *Zeitenwende*. Als er die Aus-

Karl Leiling

schaltung der demokratischen Parteien im Rathaus miterleben musste, war er bereits vierzehn Jahre Stadtoberhaupt – seit 1919 als Bürgermeister, ab 1923 als Oberbürgermeister. Unmittelbar nach dem Ersten Weltkrieg hatte der frühere Speyerer Amtsrichter und gerade zum Zweiten Staatsanwalt beim Landgericht Frankenthal berufene Karl Leiling die Amtsgeschäfte im Speyerer Rathaus übernommen. In diesen Notjahren machte er sich sehr um die Stadt verdient: Er besorgte Arbeit, auch wenn sie manchmal nur mit Notgroschen bezahlt werden konnte, betrieb die Kanalisierung, den Ausbau der Straßen, denn bei seinem Amtsantritt war nur ein Drittel der Straßen gepflastert. Es erfolgte der Bau der Friedhofshalle, die Anlage des Neuen Hafens, *als Maßnahme der produktiven Erwerbsfürsorge,* wie er schrieb. Auf sein Betreiben hin wurde das rechtsrheinische Fort der Festung Germersheim abgerissen, eine Aktion, bei der zwei Jahre lang bis zu 700 Speyerer Arbeitslose beschäftigt werden konnten. Die Steine ließ Leiling mit Nachen an das Speyerer Ufer transportieren; sie wurden bei der Befestigung der Hafenböschung und im Wohnungsbau verwendet. Die Arbeitsbeschaffungsmaßnahme war dringend notwendig, denn die Schließung der Flugzeugwerke hatte 2800 Arbeiter brotlos gemacht.

Karl Leiling ist eine sehr ambivalente Persönlichkeit in der Geschichte der Stadt: Während der nationalsozialistischen Zeit gelang es ihm, der seit 1938 der NSDAP angehörte, ohne dass er einen Aufnahmeantrag gestellt hätte, bis 1943 im Amt zu bleiben und mit der Einweihung der ersten festen Rheinbrücke der Speyerer Geschichte 1939 für seine Amtstätigkeit einen enormen Erfolg zu verbuchen – doch die Verbrechen der Nationalsozialisten verhinderte er nicht: So wurde 1938 die Synagoge am hinteren Teil des heutigen Kaufhofes zerstört. Es kam zur Deportation der Speyerer Juden. Im städtischen Stiftungskrankenhaus wurden Zwangssterilisationen vorgenommen.

1940 wurden die geistlichen Einrichtungen, vor allem die Schulen, in der Stadt enteignet. Von Kriegszerstörungen blieb Speyer mangels bedeutender industrieller Einrichtungen und trotz seiner Nähe zu Frankreich weitgehend verschont. Eine der wenigen Bomben traf ausgerechnet die Parteizentrale der NSDAP, im Volksmund *Braunes Haus* genannt.

Die jüdische Gemeinde

Nachdem es bereits im 17. Jahrhundert für wenige Jahrzehnte wieder eine jüdische Gemeinde in Speyer gab, entstand am Ende des 18. Jahrhundert erneut eine Gemeinde. Diese war seit dem Beginn des 19. Jahrhunderts stark angewachsen: 1818 lebten in Speyer 80 Juden, 1824 bereits 190. 1841 waren es 301; 1880 erreichte die Gemeinde mit 538 Mitgliedern ihren höchsten Stand. Am 11. Januar 1819 wurde der erste Bauplan für eine Synagoge beim königlichen Landkommissariat eingereicht. Doch dauerte es bis zum Baubeginn noch recht lange. Nachdem die Ruine der St. Jakobuskirche erworben wurde, erhielt der Architekt August von Voit (1801-1870) den Auftrag, den Kirchenbau zur Synagoge mit Frauenbad und Schule umzubauen. Er änderte jedoch 1836 im Einverständnis mit der jüdischen Gemeinde den ursprünglich gefassten Plan. Die Ruine wurde beseitigt und die Synagoge nach der am 10. Mai 1836 erfolgten Genehmigung der Obersten Baubehörde in München als gänzlich neues Gebäude erbaut. Am 24. November 1837 konnte die Synagoge an der Jakobsgasse, seit 1889 in Heydenreichstraße umbenannt, eingeweiht werden. Der ursprüngliche Bau umfasste nur den breitgelagerten Ostteil des späteren Gebäudes. 1861 wurde die Synagoge nach Plänen von Max von Siebert nach Westen erweitert. Die Neueinweihung erfolgte am 27. April 1866. Nachdem seitens der jüdischen Gemeinde die an der Nordseite der Synagoge gelegene Heydenreichsche Scheuer erworben wurde, entwarf Heinrich Jester 1891 Pläne, die an der neuen, nun freiliegenden Nordseite der Synagoge Fenster und eine Neugestaltung der Westfassade vorsahen. Die noch erhaltenen Fotografien zeigen das Gebäude lediglich nach diesen Umgestaltungen und Erweiterungen.

Die Speyerer Juden waren staats- und königstreu. Bei der Einweihung der Synagoge 1837 betete der Bezirksrabbiner auch *für Seine Majestät den König, Ihre Majestät die Königin, das Königliche Haus und die königliche Regierung*. Als am 28. November 1937 die jüdische Gemeinde das hundertjährige Bestehen ihrer Synagoge beging, zeigten die Feierlichkeiten allerdings sehr deutlich die Angst vor der Zukunft. Zu offensichtlich waren die Verfolgungsmaßnahmen und die Demütigungen. Nur ein knappes Jahr später, in der Reichspogromnacht vom 9. auf den 10. November 1938, wurde die Synagoge angezündet und zahl-

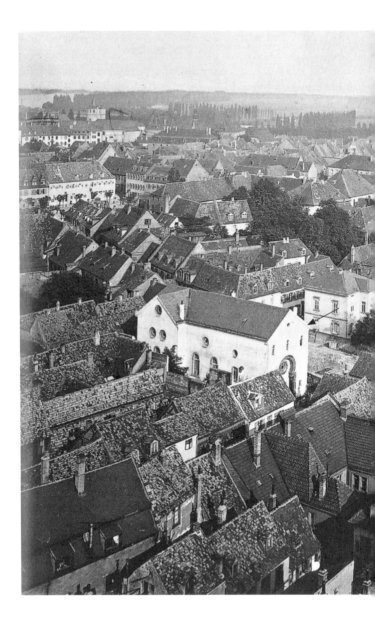

Einzig erhaltene Aufnahme, die die Speyerer Synagoge im Stadtbild zeigt; aufgenommen um 1914. Das 1837 entstandene Gebäude, das im maurischen Stil errichtet war, wurde mehrmals umgestaltet und erweitert, bis es das Aussehen auf der Fotografie erhielt. Mit den Umbauten einher ging auch eine allmähliche Freistellung des Gebäudes. Heute erinnern lediglich Gedenktafeln und ein Mahnmal im ehemaligen Eingangsbereich an die Synagoge.

Die brennende Synagoge in Speyer am Morgen des 10. November 1938

reiche jüdische Geschäfte in der Maximilianstraße wurden zerstört. Am 22. Oktober 1940 erfolgte in der berüchtigten Wagner-Bürckel-Aktion die Deportation der jüdischen Speyerer Einwohner in ein Internierungslager nach Gurs in Südfrankreich. Nur wenige überlebten das Lager; viele wurden von Südfrankreich nach Auschwitz gebracht. Danach gab es keine jüdische Gemeinde in Speyer mehr. Die letzten noch verbliebenen Juden wurden 1942 aus Speyer deportiert. Berthold Böttigheimer überlebte als einer der wenigen in der Stadt, versteckt in den Kellern verschiedener Speyerer Familien, und blieb bis zu seinem Tod 1980 in Speyer.

Nach dem Zweiten Weltkrieg

Neuanfang

Mit der Eroberung der Stadt durch amerikanische Truppen am 24. März 1945 fanden in Speyer und in der Pfalz die nationalsozialistische Herrschaft und der Zweite Weltkrieg vor dem offiziellen Kriegsende am 8. Mai ihr Ende. Am darauffolgenden Karfreitag, dem 30. März, wurde die Pfalz an Frankreich als Besatzungszone übergeben. 1947 wurde Speyer als kreisfreie Stadt – seit 1946 – Teil des auf französische Initiative gegründeten Bundeslandes Rheinland-Pfalz. In die französische Besatzungszone und damit auch nach Speyer gelangten Vertriebene und Flüchtlinge aus den verlorenen deutschen Ostgebieten erst ab 1949, zu einem Zeitpunkt, als die Region ein Teil der Bundesrepublik Deutschland geworden war und ein Anschluss an Frankreich nicht mehr zur Debatte stand.

Bald nach Kriegsende wurde mit der Neu- bzw. Wiedergründung demokratischer Parteien an das politische Leben vor dem »Dritten Reich« angeschlossen: Die SPD wurde am 16. Februar 1946 von der Besatzungsmacht genehmigt, die CDU am 5. März, und als liberale Partei (heute FDP) gründete sich 1948 die Demokratische Partei (DP). Im Stadtrat, der sich bis 1964 aus 31 Mitgliedern zusammensetzte, bis 1974 aus 37, ab 1995 aus 43 und nunmehr 44 Mitglieder hat, war die SPD stets stärkste Partei, bis sie 1969 in dieser Rolle – mit einer Pause von 1974 bis 1979 – von der CDU abgelöst wurde. Bis 1956 hatte auch die KPD Sitze im Rat, ab 1956 waren verschiedene Wählergruppen nacheinander vertreten. Die Grünen haben seit 1984 Sitz und Stimme, die Ökologisch-Demokratische Partei seit 1989. Seit 1994 werden auch die Republikaner in den Stadtrat gewählt.

Regiert wurde die Stadt von 1949 bis 1969 von Dr. Paulus Skopp (SPD), dem Dr. Christian Roßkopf (SPD) folgte. 1994 konnte die Bevölkerung erstmals seit Bestätigung des Rates 1198 einen Bürgermeister in Urwahl bestimmen. Im ersten Wahlgang entschied sie sich dabei für Werner Schineller (CDU).

Ehrenbürgerverleihungen nach dem Zweiten Weltkrieg

Das Speyerer Ehrenbürgerrecht wurde erstmals 1832 verliehen. Seitdem wurden u. a. geehrt:

Prof. Dr. med. Friedrich Voelcker (9. Juni 1947): geb. am 22. 6. 1872 in Speyer, u. a. Präsident der Deutschen Gesellschaft für Chirurgie

Hans Marsilius Purrmann (2. Mai 1950): geb. am 10. 4. 1880 in Speyer, u. a. 1919 Mitglied der Preußischen Akademie der Künste, nach politischen Angriffen 1943 Flucht in die Schweiz

Dr. Bernhard Vogel (21. Dezember 2002): geb. am 19. 12. 1932 in Göttingen, seit 1965 Wohnsitz in Speyer, 1967–1976, u. a. Kultusminister in Rheinland–Pfalz, 1976–1988 Ministerpräsident von Rheinland-Pfalz

Luise Herklotz (6. September 2003): geb. am 20. 8. 1918 in Speyer, u. a. 1948 Gründungsmitglied des Journalistenverbandes der Pfalz, 1949-1957 Landtagsabgeordnete für die SPD und 1978–1992 Vorsitzende der Arbeiterwohlfahrt in Speyer

Auch Adolf Hitler war Ehrenbürger der Stadt Speyer. Die Aberkennung seiner Ehrenbürgerschaft erfolgte im Juni 1946.

In Speyer nahmen 1949 2270, im folgenden Jahr 1400 und bis Anfang der 60er Jahre weiterhin jeweils einige Hundert Heimatvertriebene ihren Wohnsitz. Damals entstand im Westen der Stadt zwischen der Dudenhöfer Straße und dem Woogbach ein neues Wohngebiet, in dem die Gemeinnützige Wohnungsbau- und Siedlungs-GmbH eine der größten Kriegsopfersiedlungen der Bundesrepublik errichteten. Die beiden später in Speyer-West errichteten katholischen Kirchen erhielten im Hinblick auf die verlorene Heimat der neuen Stadtbürger die Namen St. Hedwig, für die Patronin Schlesiens, und St. Otto, für den Apostel Pommerns, der zugleich auf einen der Architekten des Speyerer Domes hinweist. An der Stelle der 1934 erbauten alten St.-Konrads-Kirche in Speyer-Nord wurde 1969 eine neue, größere Kirche mit demselben Patrozinium errichtet.

1954 wurde in unmittelbarer Nähe zum alten St.-Guido-Stift die Friedenskirche St. Bernhard fertig gestellt. Die Kirche ist nach Bernhard von Clairvaux, dem Gründer des Zisterzienserordens, benannt, der am Weihnachtstag 1147 auch im Dom zu Speyer gepredigt hatte. Geweiht wurde die Kirche von dem ehemaligen, in der Stadt hoch angesehenen Bischof und damaligen Erzbischof von München und Freising, Joseph Kardinal Wendel. Bei der Grundsteinlegung 1953 für die von deutschen und französischen Katholiken gemeinsam finanzierte Kirche durch Bischof Isidor Markus Emanuel waren auch der damalige Bundeskanzler Konrad Adenauer und der französische Staatspräsident Charles de Gaulle sowie der französische Außenminister Robert Schuman anwesend. Als Zeichen der deutsch-französischen Freundschaft folgte 1959 die Städtepartnerschaft mit Chartres, nachdem bereits 1956 Speyer seine erste Städtepartnerschaft mit Spalding in England geschlossen hatte. An evangelischen Kirchenneubauten entstanden die Christuskirche in Speyer-Nord (1962–1964), die Johanneskirche in Speyer-West (1982) sowie das Gemeindezentrum im Neuland (1975), 2002 umgewandelt zur Gemeindekirche der Auferstehungsgemeinde.

Auch als der Zuzug von Heimatvertriebenen allmählich endete, wuchs die Stadt weiter und überschritt 1964 die 40 000er-Marke, um bis 1999 auf über 50 000 Einwohner anzuwachsen, gleichwohl günstigere Baulandpreise in den Nachbargemeinden gleichzeitig viele Menschen ins Umland lockten. Die Stadtteile wuchsen, besonders das von den Speyerern »Siedlung« genannte Speyer-Nord, oder sie entstanden neu, wie in den 60er Jahren die Wohngebiete am Rosensteiner Hang und Im Oberkämmerer sowie in den 80er Jahren der Stadtteil Im Vogelgesang, alle am Südrand der Stadt. Hinzu kam ab dem Ende der fünfziger Jahre im Zeichen des sich ankündigenden Wirtschaftswunders und des rasch ansteigenden Arbeitskräftebedarfs der Zuzug von Gastarbeitern, seit den sechziger Jahren aus Italien, seit den siebziger Jahren aus der Türkei. Seit den 80er Jahren kamen Spätaussiedler aus der damaligen Sowjetunion nach Speyer. Die Zusammensetzung der Speyerer Einwohner hinsichtlich ihrer Herkunft, ihrer Traditionen und ihrer Religionszugehörigkeit veränderte sich signifikant. Neben islamischen Gemeinschaften bestehen in Speyer mittlerweile seit 1996 auch zwei neue jüdische Gemeinden.

Schul- und Bildungszentrum der Pfalz

Zu den die Stadt stark prägenden Faktoren zählte auch nach dem Zweiten Weltkrieg vor allem die Speyerer »Schullandschaft«. In den neuen Stadtteilen entstanden die Siedlungsschule als Grund- und Hauptschule (Einweihung der neuen Gebäude 1954 bzw. 1972), die Woogbachschule als Grundschule (1971) und die Burgfeldschule als Hauptschule (1967), alle – wie schon die ältere Roßmarktschule und die Klosterschule – gemäß Speyerer Tradition über die Stadt verteilt und nach ihrer jeweiligen Zugehörigkeit zu einem Stadtteil benannt. An den Rändern der Stadt dagegen wurden alte und neue Gymnasien angesiedelt, so das ehemalige Mädchengymnasium, ab 1967 Hans-Purrmann-Gymnasium, und das von dem humanistischen Gymnasium abgespaltene Friedrich-Magnus-Schwerd-Gymnasium, benannt nach dem bedeutenden Mathematiker und Physiker, der im 19. Jahrhundert am humanistischen Gymnasium unterrichtete. Auch die innerstädtische Hauptschule, zunächst in der Zeppelinschule untergebracht, sowie die neben dem Amtsgericht angesiedelte, 1966 wiederbegründete Staatliche Realschule erhielten 1983 einen Neubau am Ostrand der Stadt, der nach Georg Friedrich Kolb, dem Speyerer Paulskirche-Abgeordneten, Journalisten und Schriftsteller, »Georg-Friedrich-Kolb-Schulzentrum« benannt wurde. Das Mädchengymnasium der Dominikanerinnen von St. Magdalena, dem ältesten noch bestehenden Konvent in Speyer, und die dazugehörige Realschule wurden 1957 nach der Philosophin und Karmeliterin Edith Stein benannt, die 1923 bis 1931 in Speyer unterrichtet hatte.

Edith Stein

Edith Stein wurde am 12. Oktober 1891 als jüngstes Kind einer jüdischen Familie in Breslau geboren. Seit ihrer Studienzeit war sie zunächst Atheistin. Nach Jahren einer von tiefer Wahrheitssuche geleiteten wissenschaftlichen Beschäftigung mit der Philosophie ihrer Zeit (Phänomenologie) fand sie 1921 den Zugang zum katholischen Glauben. Am 1. Januar 1922 ließ sie sich in Bergzabern taufen, am 2. Februar des gleichen Jahres in Speyer firmen. Von 1923 bis 1931 unterrichtete die inzwischen im Fach Philosophie promovierte Dr. Edith Stein am Lehrerinnenseminar und am Mädchenlyzeum des Klosters St. Magdalena in Speyer.

Edith Stein kurz vor ihrem Eintritt in den Kölner Karmel

Daneben widmete sie sich weiteren philosophischen Studien und einer ausgedehnten Vortragstätigkeit auf dem Gebiet der katholischen Frauenbildung. Ihrer Berufung zum beschaulichen Leben folgte sie 1934 durch den Eintritt in den Karmel zu Köln, wobei sie den Ordensnamen Teresia Benedicta a Cruce annahm. Die Judenverfolgung in Deutschland zwang sie Ende 1938 dazu, nach Holland in den Karmel zu Echt auszuweichen. Hier entstand ihr letztes, erst posthum erschienenes Werk »Kreuzeswissenschaft«. Als katholische Jüdin Anfang August 1942 von der deutschen Besatzungsmacht verhaftet, wurde sie, zusammen mit ihrer Schwester Rosa, am 9. August 1942 im Konzentrationslager Auschwitz ermordet. Papst Johannes Paul II. sprach sie am 1. Mai 1987 in Köln selig. Aus diesem Anlass kam er am 4. Mai 1987 auch nach Speyer, wo Edith Stein die ersten Jahre nach ihrer Bekehrung gelebt und gewirkt hatte. Am 11. Oktober 1998 wurde Edith Stein heilig gesprochen. Das Bistum Speyer feierte die Heiligsprechung dieser bedeutenden Frau mit einem großen Edith-Stein-Fest. Die 1994 gegründete Edith-Stein-Gesellschaft Deutschland hat ihren Sitz in Speyer.

Mit dem Nikolaus-von-Weis-Aufbau-Gymnasium erhielt die Stadt Speyer 1953 eine weitere bedeutende katholische Bildungseinrichtung. Zwei Sonderschulen befinden sich, wie die meisten Gymnasien, im Westen der Stadt. An den Schülerzahlen der weiterführenden Schulen ist die Bedeutung Speyers für das gesamte Umland, auch für das rechtsrheinische, selbst nach Einrechnung der Tatsache, dass die weiterführenden Schulen mehrere Jahrgänge umfassen, zu erkennen: den 1904 Grundschüler/innen im Schuljahr 2007/08 stehen 6327 Haupt-, Real- und Gymnasialschüler/innen gegenüber. Die Berufsbildende Schule, die bereits in einer alten Tradition in Speyer steht, erhielt ein neues Schulgebäude gegenüber der Landesversicherungsanstalt und wurde nach dem Erfinder Johann Joachim Becher benannt.

Johann Joachim Becher

Johann Becher wurde am 6. Mai 1635 wurde als Sohn des evangelischen Pfarrers von St. Georg in Speyer geboren. Er besaß ausgezeichnete Kenntnisse in der Medizin, der Chemie und der Physik, aber auch in der Politik und Staatsverwaltung. Als Wirtschaftstheoretiker trat er für die Lenkung der Wirtschaft mit merkantilistischen Mitteln ein. Becher trat zur katholischen Kirche über und wurde 1657 Professor in Mainz, dann Leibarzt und Berater des Mainzer Erzbischofs und Kurfürsten. Anschließend war er als Berater des Hanauer Grafen Friedrich Casimir tätig. In dessen Auftrag betrieb er das mit hohen Kosten verbundene Projekt, eine Kolonie Hanauisch-Indien in Südamerika zu gründen. Dies führte zum wirtschaftlichen Ruin der Grafschaft Hanau und letztlich zu seiner Entlassung. In München konnte er noch im gleichen Jahr ein großes Laboratorium mit finanzieller Unterstützung des bayerischen Kurfürsten eröffnen. 1666 wurde er als kaiserlicher Hofrat und Mitglied des Kommerzkol-

D. JOHANN JOACHIM BECHER.
von Speyer.
Röm. Kayserl. Majestät Cammer-
und Commercien-Rath.
Nat: A: 1635. Den A: 1682.

legiums nach Wien berufen. Dort entwarf er Pläne zu Manufakturen und betrieb die Errichtung einer österreichisch-indischen Handelsgesellschaft. Seit 1676 lebte er insbesondere in München, Würzburg und London, wo er im Oktober 1682 starb. Leibniz bezeichnete ihn als *esprit excellent, vir ingeniosus, aber schlimmen Charakters*.

Von überregionaler Bedeutung, ja von bundesweitem Rang ist die 1949 gegründete Deutsche Hochschule für Verwaltungswissenschaften, in der Verwaltungsjuristen aus allen Bundesländern nach dem ersten Staatsexamen eine besondere Weiterbildung erhalten. Seit 1960 ist die Schule in einem Neubau von Sepp Ruf untergebracht und führt sowohl unter ihren Studierenden als auch unter ihren Lehrenden Personen höchsten Ranges für einige Zeit nach Speyer. Roman Herzog fühlte sich aufgrund seiner früheren Lehrtätigkeit der Stadt immerhin so verbunden, dass er die Abschlussfeier seiner Amtszeit als Bundespräsident 1999 in Speyer beging. Die Speyerer Hochschule ist aber auch durch ihr ernsthaftes Bemühen um Verwaltungsverbesserung und -vereinfachung und die sich daraus ergebenden kritischen Stimmen bundesweit bekannt.

1957 entstand auf dem Gelände des frühmittelalterlichen Klosters St. German das Bischöfliche Priesterseminar, das mit seiner Bibliothek nicht nur den geistlichen Nachwuchs des Bistums Speyer bedient. Auch andere kulturelle Einrichtungen entwickelten eine prägende Rolle für die Stadt. Neben der erwähnten Bibliothek des Priesterseminars steht der Bevölkerung von Stadt und Umland die Pfälzische Landesbibliothek (gegründet in bayerischer Zeit 1921), die Bibliotheks- und Medienzentrale der Evangelischen Landeskirche, die Bibliothek der Verwaltungshochschule und eine große Stadtbibliothek zur Verfügung. Neben diesen vier größeren Bibliotheken bestimmen das Archiv des Bistums Speyer (gegründet 1949), das Zentralarchiv der Evangelischen Kirche der Pfalz (gegründet 1930), das Landesarchiv Speyer (gegründet 1817 und in der Zwischenzeit mit verschiedenen Bezeichnungen versehen) sowie das Stadtarchiv mit Beständen ab 1182 das Gedächtnis der Stadt. Das Historische Museum der Pfalz, gegründet 1869 als Zusammenführung der Bestände des Historischen Vereins und seit 1909 in Sichtweite des Domes untergebracht, zählt seit den 1990er Jahren zu den bedeutenden Museen der Bundesrepublik. Herausragend waren die Salier-Ausstellung 1992 im Zuge des Stadtjubiläums und die Ausstellung »Europas Juden im Mittelalter« 2003/04. Vorbereitend auf diese Ereignisse wurde 1990 ein Erweiterungsbau im Süden an das Museum angeschlossen; 2004 erfolgte die Überdachung des Innenhofes des Museumsgebäudes. Zusätzlich als Museen eingerichtet wurden die Geburtshäuser der beiden in Speyer geborenen Maler Anselm Feuerbach (Eröffnung 1975) und Hans Marsilius Purrmann (Eröffnung 1990). Völlig anderen Themen sind dagegen das Technik-Museum (1993) und das begehbare Aquarium Sea-Life gewidmet.

Städtebauliche Akzente

Die Nachkriegszeit war von Aufbau und Umbau gekennzeichnet. Die markantesten Zeichen dieser Bautätigkeit sind das Hochhaus der Landesversicherungsanstalt (neuerdings Deutsche Rentenversicherung), das die Silhouette der Stadt seit 1956 mitprägt, und - nicht ganz so hoch, aber auch weithin sichtbar - das im Januar 1967 eingeweihte - neue - Krankenhaus der Evangelischen Diakonissenanstalt. Neben vielen gelungenen Schöpfungen, die von der Stadtbevölkerung als Bereicherung empfunden werden, etwa die Stadthalle von Otto Hannemann (1963), in der bis in die 80er Jahre große Namen des deutschen Theaters und der Musikwelt vertreten waren, gab es auch einige Entscheidungen, die heute sicher nicht mehr getroffen (oder sogar rückgängig gemacht) würden. Geradezu grotesk mutet gar die Absicht einiger früherer Stadtplaner an, das Altpörtel zugunsten eines besseren Verkehrsflusses abzureißen. Dies wurde durch eine Bürgerinitiative verhindert, wie auch später einige - heute als Schmuckstück erkannte - Gebäude auf dieselbe Weise gerettet wurde, etwa die Villa Ecarius (1892 erbaut) in der Bahnhofstraße, jetzt Sitz der

Städtebauliche Akzente

Volkshochschule, der Stadtbücherei und der Musikschule, oder das Geburtshaus Anselm Feuerbachs.

Im Innenstadtbereich wurden der Domvorplatz und die Maximilianstraße, der Postplatz, die Gilgenstraße und einige Teile der Altstadt neu gestaltet sowie verschiedene Wohn- und Geschäftsbereiche saniert, etwa der Fischermarkt und der Holzmarkt. Sorgfältig und mit größerer Nähe zum Menschen geplant und umgesetzt – vielleicht auch vor dem Hintergrund der Erfahrung der sechziger und siebziger Jahre – wird gegenwärtig die Umgestaltung der durch die Aufgabe der französischen Garnison frei gewordenen Flächen. Gelungen ist bereits die Nutzung der ehemaligen französischen Normand-Kaserne in Speyer-Süd. Dort entstanden ein Altenheim der Evangelischen Diakonissenanstalt mit betreutem Wohnen, das Haus der Vereine, das Haus der Jugendförderung, Wohnungen der Lebenshilfe Speyer-Schifferstadt sowie Wohnungen in verschiedener Preislage und Größe. Auch eine in französischer Zeit erbaute große Turnhalle wird zur Zeit noch intensiv genutzt.

Auch andere Neugestaltungen zeugen von zunehmendem Respekt vor historisch gewachsenen Gebäudeensembles, wie etwa der Kulturhof Flachsgasse (2001) und der neue Verwaltungsbau der Evangelischen Landeskirche neben der ehemaligen Roßmarktschule von Wolfgang Ihm 1997. Mit Baumaßnahmen in der Innenstadt verbunden waren in der Regel Ausgrabungen, die in der zweiten Hälfte des 20. Jahrhunderts über die römische und mittelalterliche Vergangenheit der Stadt wichtige Erkenntnisse brachten: so beim Abriss des Schulzentrums am heutigen Willy-Brandt-Platz, beim Neubau des Spitals (abgeschlossen 1980), bei der Neugestaltung des Fischmarktes und dem Neubau der Hauptstelle der Sparkasse 1982 oder bei der Neugestaltung des mittelalterlichen Judenhofes 2004.

Behörden und Militär

In Speyer haben zahlreiche Verwaltungseinrichtungen, regional und überregional wichtige Behörden und Institutionen, ihren Sitz wie die Landesversicherungsanstalt Rheinland-Pfalz, der Landesrechnungshof, das Landessozialgericht sowie die landwirtschaftliche Sozialversicherung Hessen, Rheinland-Pfalz und Saarland. Der Rechnungshof des Landes Rheinland-Pfalz, 1947 gegründet, wurde bewusst mit räumlicher Distanz zur Landeshauptstadt Mainz als äußeres Zeichen seiner Unabhängigkeit in Speyer angesiedelt. Ein neueres Gebäude befindet sich in Speyer-West. Trotz der 1953 erfolgten Umwandlung des Oberversicherungsamtes zum Sozialgericht blieb sein Sitz weiterhin in Speyer; seit 1971 befindet es sich in der Schubertstraße.

Das französische Regiment Du Génie war bis 1997 in der Normand-Kaserne in Speyer-Süd sowie auf dem Lyauté-Gelände in Speyer-Nordwest untergebracht. Das französische Militär hat rund fünfzig Jahre das Leben in der Stadt entscheidend mitgeprägt. In der Kurpfalz-Kaserne in Speyer-Nord sind seit 1963 – gemäß der bayerischen Tradition seit 1884 – wieder Pioniere der Bundeswehr stationiert.

Wirtschaftsstandort

Im Lauf seiner Geschichte war die wirtschaftliche Entwicklung Speyers starken Schwankungen unterworfen. Die Stadt weist heute ein über dem Landesdurchschnitt liegendes Wirtschafts- und Kaufpotential auf. Sie ist Teil des Wirtschaftsraums Rhein-Neckar. Wirtschaftlich eng verflochten sind hier die Gemeinden des Rhein-Pfalz-Kreises, die Kreise Bad Dürkheim und Germersheim sowie die nordbadischen Gemeinden des Raumes Hockenheim, Schwetzingen und Philippsburg. Dank seiner guten Infrastruktur ist Speyer zu einem attraktiven Standort in zentraler Lage geworden. Autobahnanschlüsse, zwei Rheinhäfen, ein Ölhafen, ein Werfthafen, der Flugplatz und Anschlüsse der Bahn sind die bedeutendsten Standortvorteile der Stadt.

Die Wirtschaft von Speyer ist von einem stetigen Wachstum geprägt. Fast 2000 Unternehmen mit mehr als 23 000 Beschäftigten haben in der Stadt ihren Sitz. Vorherrschend sind vor allem Klein- und Mittelbetriebe; dabei handelt es sich insbesondere um Unternehmen in der Verpackungs- und Filterindustrie, in der Isolierherstellung und im Anlagen- und Apparatebau. 80 Prozent aller Betriebe beschäftigen weniger als zehn Mitarbeiter, zwanzig Prozent mehr als zehn Mitarbeiter.

Ungefähr fünfundzwanzig Prozent aller Arbeitsplätze in Speyer fallen auf das verarbeitende Gewerbe; dazu zählen der Stahl-, Maschinen- und Fahrzeugbau, die Elektro- und Feinmechanik sowie das Holz- und Papiergewerbe. Führend sind hier die Großbetriebe Pfalz-Flugzeugwerke GmbH und Tyco-Electronics, vormals Siemens, mit jeweils ca. 900 Beschäftigten.

In allen Stadtteilen befinden sich Industriegebiete. Die bedeutendsten nicht-staatlichen Arbeitgeber sind die Evangelische Diakonissenanstalt mit 2200 Beschäftigten sowie das Bischöfliche Ordinariat und der Caritasverband mit über 1000 Beschäftigten. Dann erst folgen die größeren Wirtschaftsunternehmen der Stadt, die sich breit gefächert auf verschiedene Branchen verteilen. Von ihnen sind im Druckgewerbe als besonders traditionelles Handwerk der Progress-Druck – ehemals Pilger-Druckerei, gegründet 1919 – und die Druckerei Wirtz – ehemals Dr. Jägersche Buchdruckerei, gegründet 1866 – als größere Firmen aufzuführen. Ein Rückschlag war die Schließung des Salamander-Werkes in Speyer-West im Jahr 1975. 400 Beschäftigte, fast ausschließlich Frauen, wurden dabei entlassen.

Die schwierige Anbindung der Stadt an das Schienenverkehrsnetz, eine Folge aus dem 19. Jahrhundert, verbesserte sich durch

Autobahnbrücke im Norden von Speyer

den S-Bahn-Anschluss seit 2003 erheblich. Seit der Einführung der S-Bahn Rhein-Neckar fahren die Linien S 3 und S 4 ab Hauptbahnhof in einem Halbstundentakt in Richtung Mannheim. Somit ist der ICE/IC-Knotenbahnhof Mannheim mit seinen sehr guten Fernverbindungen in weniger als einer halben Stunde zu erreichen. Ende 2006 wurde die S-Bahn über Speyer hinaus bis nach Germersheim verlängert.

Für den wirtschaftlichen Aufschwung Speyers spielte die Entwicklung des Straßenverkehrs eine entscheidende Rolle. Der Wiederaufbau der 1945 zerstörten Bahn-Straßen-Brücke als Straßenbrücke über den Rhein, über die seit 1956 ständig Verkehr rollt, leitete eine neue Phase der Speyerer Verkehrsentwicklung ein. So musste auf Grund des starken Durchgangsverkehrs durch die Innenstadt eine Umgehungsstraße gebaut werden, die im Dezember 1972 dem Verkehr übergeben wurde. Gute Anbindungen sind gegeben an die Autobahnen A 61 (Speyer–Koblenz), A 5 (Basel–Frankfurt/M.) und A 6 (Saarbrücken–Mannheim) sowie an die Bundesstraße B 9 (Karlsruhe–Mainz) und B 39 (Neustadt – Heilbronn). Die zwei Speyerer Rheinbrücken, die Bundesstraße 39 und die Bundesautobahn 61 verbinden das Bundesland Rheinland-Pfalz mit Baden-Württemberg.

Bedeutende Ereignisse

Zu den bedeutendsten Ereignissen, die die Einwohner Speyers in der Nachkriegszeit bewegten, zählten die Einweihung der neuen Rheinbrücke 1956, die Einholung neuer Kirchenglocken für die Gedächtniskirche 1959, das 900. Weihejubiläum des Domes 1961, die Auffindung eines Fragmentes der Ulfilas-Bibel (Codex Argenteus) im Speyerer Dom 1971 sowie im selben Jahr die Anbringung des neuen Dom-Hauptportals, gestaltet von Toni Schneider-Manzell. Es folgte der Besuch des Papstes Johannes Paul II. 1987, das 2000. Stadtjubiläum 1990 sowie der Besuch vieler hoher Staatsgäste, die Bundeskanzler Helmut Kohl während seiner Amtszeit nach Speyer einlud, am eindrucksvollsten ohne Zweifel der Friedensnobelpreisträger und Staatspräsident der Sowjetunion Michael Gorbatschow, der 1990 Stadt und Dom besuchte, sowie – nach Ende der Amtszeit Kohls – der ehemalige polnische Gewerkschaftsführer und Friedensnobelpreisträger Lech Walesa 2004. Auch die Verabschiedung Bundeskanzler Helmut Kohls nach sechzehn Jahren Amtszeit, die mit einem Großen Zapfenstreich der Bundeswehr 1998 in Speyer begangen wurde, fand unter großem öffentlichem Interesse statt. Mit diesen Ereignissen konnten die Speyerer des ausgehenden 20. Jahrhunderts nicht nur bisweilen nachempfinden, was frühere Stadtbewohner im Spätmittelalter wohl bei Reichstagen und ähnlichen Ereignissen empfunden haben mögen, sondern auch der Tourismus hat dadurch wichtige Impulse erhalten. Er ist im neuen Jahrhundert zu einer bedeutenden Branche im städtischen Wirtschaftsleben geworden.

Nach den Städtepartnerschaften mit Spalding (1956) und Chatres (1959) wurden weitere Partnerschaften mit Kursk und Ravenna 1989, mit Gnesen 1992 und mit der israelischen Stadt Yavne 1998 geschlossen. Auch besteht eine Partnerschaft mit Ruanda, dem Partnerland zu Rheinland-Pfalz: zuerst mit der Stadt Karengera, dann – nach einer Kommunalreform in Ruanda, bei der die alten Stadtbezirke aufgelöst und neue, größere »Districte« gebildet wurden – zum District Ruzisi (vormals Impala).

Nach dem Zweiten Weltkrieg war der Rhein zwar nicht mehr zugefroren, dafür gab es aber eine große Überschwemmung im Jahr 1955, von der die gesamte Altstadt betroffen war. Als am 17. Januar gegen 16.00 Uhr der Rhein einen Pegelstand von 8,55 Meter erreichte, rief der damalige Oberbürgermeister Paulus Skopp den Notstand aus. Die Rheinwiesen waren schnell überflutet, und das Hochwasser presste sich von der Mündung des Speyerbachs aus in die Straßen des Hasenpfuhls.

Am jeweils zweiten Juliwochenende, Freitag bis Dienstag, findet das traditionsreiche Speyerer Brezelfest statt, das wohl größte Volksfest am Oberrhein. Das Brezelfest ist ein recht junges Fest, das erst 1910 vom Verkehrsverein auf Anregung zweier Speyerer Bürger ins Leben gerufen wurde. Jeweils am zweiten Wochenende im September findet das Speyerer Altstadtfest statt. Zwei kleinere Speyerer Volksfeste sind die Frühjahrs- und Herbstmesse.

Soziales und Sport

In Speyer bestanden bis vor wenigen Jahren drei Krankenhäuser: das Krankenhaus der Evangelischen Diakonissenanstalt (gegr. 1907) mit Kinderkrankenhaus und zahlreichen angehängten Fachschulen und anderen Ausbildungseinrichtungen, seit 1997 mit Hospiz, des weiteren das Krankenhaus der Bürgerhospital-Stiftung und schließlich das St. Vincentius-Krankenhaus der Niederbronner Schwestern (gegr. 1905). Die beiden erst genannten Krankenhäuser schlossen sich im Zuge des sich verändernden Gesundheitswesens 2004 zu einer Klinik zusammen. Der Träger dieses größten regionalen Krankenhauses und weiterer Einrichtungen in und um Speyer ist die Evangelische Diakonissenanstalt Speyer-Mannheim. Als nunmehr zweites Krankenhaus besteht das Vincentius-Krankenhaus, das auf eine über 100-jährige Tradition zurückblicken kann und das in den vergangenen Jahrzehnten permanent erweitert wurde: 1954/55, 1965/67, 1978/80, 2002 und 2007. Die beiden Krankenhäuser ergänzen sich in ihren Aufgabenbereichen. So befinden sich im Diakonissen-Stiftungs-Krankenhaus beispielsweise die Gefäßchirurgie, Pädiatrie und Gynäkologie, im Vincentius-Krankenhaus insbesondere die Unfallchirurgie und die Urologie.

Seit 1974 dienen »Essen auf Rädern« (Rotes Kreuz, Caritas, Arbeiterwohlfahrt, Diakonisches Werk und Sozialamt) und die Ökumenische Sozialstation (evangelische und katholische Kirchengemeinde sowie Krankenpflegeverein) zur Erleichterung des Lebens in der eigenen Wohnung für alte und behinderte Menschen.

Es bestehen in Speyer mehrere städtische, kirchliche und private Altenheime und Kinderheime. Eine besondere Attraktion für Kinder ist die »Walderholung«, die in den Sommerferien für Grundschulkinder, die die erste Klasse bereits besucht haben, durchgeführt wird.

In Speyer bestehen 47 Vereine; davon sind 42 im Stadtsportverband Speyer e.V. zusammengeschlossen. Der Sportverband vertritt die Interessen der Vereine gegenüber der Stadt. 31 städtische und sechzehn private Sportanlagen (ohne Sondereinrichtungen wie Schwimmbad, Reitställe usw.) sind vorhanden. Die größte Sportanlage, das Helmut-Bantz-Stadion, wurde nach dem aus Speyer stammenden Turn-Olympiasieger von 1956 benannt.

Blick über den Dom auf die Speyerer Altstadt mit dem St. Georgsturm rechts, Altpörtel und Altes Kaufhaus davor und Josephskirche links

Ausklang: Perspektiven für die Zukunft

Heute gilt die Stadt mit ca. 50 000 Einwohnern als leistungsfähiges städtisches Mittelzentrum im Rhein-Neckar-Dreieck. Die Stadt ist seit Jahrzehnten zum beliebten Ausflugsziel vieler kunst- und kunsthistorisch interessierter Besucher geworden. Aber auch das »gastliche Speyer« mit zahlreichen Gaststätten und der unverwechselbaren »Pfälzer Lebensart« vermittelt den Besuchern einen unvergesslichen Eindruck.

Speyer hat einen guten Ruf als attraktive Einkaufsstadt in der Metropolregion Rhein-Neckar. Der Dienstleistungsbereich mit den Behörden, Institutionen und Verbänden übt eine große Anziehungskraft auf die Bewohner der Region aus. So weist die Stadt eine gute Mischung von Industrie, Handwerk, Handel und Dienstleistungsbetrieben auf. Sie darf auch in dieser Hinsicht positiv in die Zukunft sehen, denn fünf voll erschlossene Industrie- und Gewerbegebiete stehen für die Ansiedlung neuer Unternehmen und Firmen von mittlerer Größe zur Verfügung. Neben diesen Faktoren sind es das kulturelle Erbe – eine mehr als 2000-jährige Geschichte –, der hohe Freizeitwert und eine moderne Lebensqualität, die Speyer auszeichnen.

Zeittafel zur Geschichte der Stadt Speyer

Vorgeschichte	Früheste bäuerliche Bevölkerung um 4000 v. Chr., älteste Funde aus jüngerer Steinzeit, Bronzezeit, vermehrt aus der Eisenzeit
220 v. Chr.	Keltische Hofsiedlungen
um 50 v. Chr.	Ansiedlung germanischer Nemeter durch die Römer im Gebiet zwischen Isenach und Bienwald
um 10 v. Chr.	Gründung von rund 50 Kastellen zwischen Rhein und Maas durch Drusus, den Stiefsohn des Augustus; unter diesen Kastellen wohl auch *Noviomagus*, das heutige Speyer; später Ausbau und Vergrößerung
1. Jh. n. Chr.	Ansiedlung germanischer Nemeter im Gebiet zwischen Isenach und Bienwald; Verschwinden der keltischen Kultur
um 83	Siedlung Noviomagus zentraler Ort des Nemetergebietes
275	Alamanneneinfall und Zerstörung des Ortes
346	Erste Erwähnung eines Speyerer Bischofs
5. Jh.	Zerstörung des Ortes durch Völkerwanderung und Hunneneinfälle
496 bzw. 506	Erste Nennung des Namens *Spira*, Speyer fränkische Siedlung
7. Jh.	Gründung einer benediktinisch geprägten Gemeinschaft, benannt nach St. German von Auxerre im Süden von Speyer
ab 7. Jh.	Speyer als ständiger Bischofssitz belegt
um 665	Erste Erwähnung eines Domes in Speyer

Zeittafel

um 800	Baubeginn des karolingischen Domes, vermutlich Gründung der Domschule
838	Erster von über 50 Reichstagen in Speyer
946	Markt- und Münzrecht für Speyer; an die verschiedenen Märkte in der Stadt erinnern noch heute viele Platz- und Straßennamen
969	Otto d. Gr. erhebt den Bischof zum Stadtherrn; Baubeginn der ersten Stadtmauer
10./11. Jh.	Blüte der Domschule mit bedeutenden Lehrern und Schülern und einer Schülerin: Balther von Säckingen, Walther von Speyer, Amarcius, Onulf von Speyer, Gottfried von Viterbo und Hazecha von Quedlinburg
1024	Wahl Konrads des Älteren zum König; Ausbau Speyers zum neuen salischen Herrschaftszentrum (bisher Worms)
vor 1030	Beginn des salischen Dombaus, Erweiterung der Pläne durch Heinrich III.
1061	Weihe des Domes, Entstehung großer Teile der Stadtmauer
1070er Jahre	Nachweis der ersten jüdischen Familie in Speyer
1084	Bischof Rüdiger Huzmann vergrößert die bereits bestehende jüdische Gemeinde in Speyer durch Aufnahme vertriebener Juden aus Mainz und Worms; Speyer ist Sitz einer bedeutenden Talmudschule
1096	Während den Judenverfolgungen im Rahmen der Kreuzzüge schützt Bischof Johannes vom Kraichgau die Speyerer Gemeinde
1111	Freiheitsbrief Heinrichs V. für die Stadt
1146	Bernhard von Clairvaux predigt im Speyerer Dom; Konrad III. gelobt, einen Kreuzzug zu unternehmen
1197	Erste urkundliche Erwähnung des Altpörtels
1198	Speyer zentraler Ort der Königsherrschaft auch in der Stauferzeit, Stadt und Bischöfe (die zeitweise auch kaiserliche Kanzler waren) halten in allen Auseinandersetzungen zum

	Kaiser; Belohnung: Einrichtung eines Rates durch Philipp von Schwaben als Regent für Friedrich II.
1226	Speyer wird Mitglied im Rheinischen Städtebund
1228	Erste Erwähnung des Reuerinnenklosters St. Magdalena (heute Dominikanerinnenkloster); außerdem in der Stadt: Dominikaner, Franziskaner (Caesarius von Speyer), Klarissen, Karmeliter, Augustiner, mehrere Beginenhöfe und viele weitere geistliche Gemeinschaften, Stadthöfe der Zisterzienser von Maulbronn und Eußerthal
1229	Erstes Speyerer Stadtrecht erlassen, Regierung durch Rat und je zwei Bürgermeister
1245	Friedrich II. gewährt der Stadt Speyer die Abhaltung einer regelmäßigen Herbstmesse; wichtigste Handelswaren in dieser Zeit in Speyer: Wein und Tuch
1286	Reichsunmittelbarkeit für die Stadt von Rudolf von Habsburg
1296	Fastnachtsfeiern in Speyer belegt
1330	Severinsaufstand: Münzer (= Stadtpatriziat) wollen von den Zünften das Stadtregiment zurückerobern. Dieser Versuch ist aber vergeblich, zuletzt müssen Münzer und Hausgenossen selbst eine Zunft bilden, der zwei von 28 Ratssitzen zugestanden werden
1349	Judenverfolgung in Speyer, Ermordung vieler jüdischer Gemeindemitglieder und Zerstörung ihrer Häuser, kein Eingreifen Bischof Ottos von Henneberg, dafür schwere Bestrafung der Bevölkerung durch Herzog Otto, den Bruder König Karls IV.
1381	Beitritt Speyers zum Rheinischen Städtebund
1396	Regierungsantritt Bischof Rhabans von Helmstatt (dieser später in Personalunion Kurfürst und Erzbischof von Trier), letzte große Auseinandersetzung um die Stadtherrschaft (bis 1430), Speyer erhält sich seine Freiheit
1450	Dombrand

Zeittafel

1471	Peter Drach der Ältere als erster Drucker in Speyer nachweisbar; 1483 folgen Johann und Conrad Hist
1526	Reichstag zu Speyer
1527	Ansiedlung des Reichskammergerichts, Unterbringung im Ratshof
1529	Reichstag zu Speyer, Bestätigung des Wormser Ediktes, Protestation der Stände, die Luthers Lehre anhängen, Speyer als Gastgeber unterschreibt Mehrheitsbeschluss
1538	Anstellung des evangelischen Predigers Michael Diller durch den Rat der Stadt: Speyer wird lutherisch
1540	Gründung einer evangelischen Ratsschule, zunächst im Dominikanerkloster, als Konkurrenz für die bereits im Niedergang befindliche Domschule (Vorgängereinrichtung des Humanistischen Gymnasiums)
1544	Reichstag zu Speyer
1570	Reichstag zu Speyer
1581	Einzige Hexenverbrennung in Speyer
1597	Einrichtung eines Jesuitenkollegs, Speyer ist Station im Werdegang mehrerer bedeutender Vertreter des Ordens wie etwa Athanasius Kircher, Theatervorführungen
1621	Eroberung der Stadt durch spanische Truppen, jedoch keine Zerstörung, später Speyer wieder kaiserlich, zeitweise auch schwedisch
1635	Johann Joachim Becher im Pfarrhaus von St. Georgen geboren
1689	31. Mai, Dienstag nach Pfingsten: Zerstörung der Stadt Speyer und ihres Domes im Pfälzischen Erbfolgekrieg; Flucht der Bürger vorwiegend in das ebenfalls lutherische Frankfurt, Verlegung des Reichskammergerichtes nach Wetzlar
1698	Erste Ratssitzung seit der Zerstörung, allgemeine Aufforderung zur Wiederbesiedlung der Stadt
1703	Schlacht am Speyerbach im Rahmen des Spanischen Erbfolgekrieges, Sieg der französischen Truppen über die kaiserli-

	chen Truppen drei Jahre später; Verbrennung des Armenhauses vor der Stadt
1716	Eroberung Speyers durch Bauern aus dem umliegenden Hochstift
1717	Einweihung der Dreifaltigkeitskirche
1772	Wiederaufbau einer Westfassade des Domes im Barockstil
18./19. Jh.	Mehrere berühmte Besucher in der Stadt, von denen vor allem die Dichter literarische Denkmäler hinterlassen (Goethe, Eichendorff, Sophie de la Roche u. a.)
1792	Eroberung der Stadt durch den französischen General Custine
1794	Erneute Eroberung durch französische Truppen, Verbrennung der Einrichtung des Domes, Plünderung der übrigen Kirchen und Klöster, Aufhebung des katholischen Gymnasiums, nach Unterbrechungen französische Besatzung bis 1813/14
1797	Speyer wird Teil des französischen Departements Mont Tonnere
1803	Linksrheinische Teile des Bistums Speyer werden zu Mainz geschlagen
1804	Rettung des Domes vor französischen Bauvorhaben durch den Mainzer Bischof Ludwig von Colmar; das Ratsgymnasium wird durch die *Ecole secondaire* ersetzt; Gründung einer privaten Mädchenschule durch die Pfarrerstochter Spatz
1814	Vertreibung der Truppen Napoleons; nach dessen Rückkehr aus der Verbannung: Hauptquartier der Verbündeten mit ihren höchsten Kriegsherren in der Stadt
1816	Speyer wird Hauptstadt des Bayerischen Rheinkreises (später der Bayerischen Pfalz, bis 1938)
1817	Errichtung einer Mädchenschule im Kloster der Dominikanerinnen
1818	Union der reformierten und lutherischen Christen der Pfalz in der Protestantisch-Evangelisch-Christlichen Kirche, Sitz

der Kirchenregierung in Speyer; nach Unterbrechung durch die französische Verwaltung Unterrichtsbeginn in der Königlichen Studienanstalt mit Lyceum, dem späteren Humanistischen Gymnasium und heutigen Gymnasium am Kaiserdom

1821	Wiedererrichtung des Bistums Speyer
1826	Rheinkorrektur durch Oberst Johann Gottfried Tulla
1829	Geburt Anselm Feuerbachs
1839	Errichtung des königlichen katholischen Schullehrerseminars Speyer (für Volksschullehrer), 1855 Angliederung einer Seminarschule, 1881 Kgl. Lehrerbildungsanstalt, 1937 Abgang der letzten Seminaristen
1847	Erste provisorische Fahrten einer Eisenbahn zwischen Speyer, Neustadt und Ludwigshafen, Sitz der Bahndirektion in Speyer, Baudirektor der Bahn: Paul Camille Denis (Namensgeber des Schulzentrums Schifferstadt)
1848	Der Verleger der »Speyerer Zeitung« und Landtagsabgeordnete Georg Friedrich Kolb ist Paulskirchenabgeordneter
1849	Revolutionsunruhen auch in Speyer
1852	Bischof Nikolaus von Weis gründet das Institut der Armen Schulschwestern vom heiligen Dominikus, heute Träger der nach dem Bischof benannten Internatshauptschule und des gleichnamigen Gymnasiums sowie weiterer Schulen im saarländischen Teil des Bistums Speyer
1853	Neubau der Westfassade des Domes
1859	Gründung der Evangelischen Diakonissenanstalt (Kaiserswerther Verband), heute Trägerin zweier Krankenhäuser, eines Alten- und Pflegeheimes sowie mehrerer weiterer sozialer Einrichtungen und einiger sozialer und medizinischer Bildungseinrichtungen
1879	Gründung einer städtischen Höheren Töchterschule, seit 1967 Hans-Purrmann-Gymnasium
1900	Öffnung der Kaisergräber im Dom
1904	Einweihung der Gedächtniskirche der Protestation

1910	Einweihung des Historischen Museums der Pfalz
1918	Beginn der französischen Besatzung der Stadt (bis 1930)
1920	Baubeginn des neuen Rheinhafens
1921	Gründung der Pfälzischen Landesbibliothek
1923	Besetzung von Post, Rathaus und Pfälzischer Regierung durch Separatisten
1924	Höhepunkt der Separatistenkämpfe in der Pfalz: Franz Hellinger und Ferdinand Wiesmann erschießen den Separatistenführer Heinz aus Orbis im Wittelsbacher Hof und werden bei einer anschließenden Schießerei selbst getötet
1929	Feierliche Begehung des Protestationsjubiläums
1930	Domjubiläum
1932	Baubeginn der Vorstadtsiedlung Speyer-Nord
1933	Einzug der Nationalsozialisten in Verwaltung und Rat der Stadt
1937	Schließung der Speyerer Schulen in kirchlicher Trägerschaft bzw. Umwandlung in staatliche Bildungseinrichtungen
1938	Bau der ersten festen Rheinbrücke bei Speyer
	Zerstörung der Speyerer Synagoge; in der Folgezeit Enteignung jüdischer Häuser, davon nicht wenige in der Maximilian- oder Hauptstraße, Verbringung vieler Männer nach Dachau; Ende der jüdischen Schule, die von Kindern aus der gesamten Vorderpfalz besucht wurde
1939	Deportation der jüdischen Bürger Speyers, vorwiegend nach Gurs in Frankreich
1943	Ablösung von Oberbürgermeister Karl Leiling (seit 1919) durch einen Nationalsozialisten
1945	Einmarsch amerikanischer Truppen, Sprengung der Rheinbrücke; nach wenigen Tagen Übergang Speyers in französische Besatzungszone
1947	Errichtung der heutigen Hochschule für Verwaltungswissenschaften
1949	Gründung des Staatlichen Studienseminars für das Lehramt

	an Gymnasien; das Studienseminar für berufsbildende Schulen folgte 1957
1950	Ausbildung der Anwärter des Auswärtigen Dienstes der Bundesrepublik Deutschland in Speyer (bis 1954)
1954	Weihe der Friedenskirche St. Bernhard
1956	Städtepartnerschaft mit Spalding
	neue Rheinbrücke
1957	Errichtung eines Neubaues für das Mädchengymnasium der Dominikanerinnen von St. Magdalena in Speyer-West, Benennung nach der Philosophin und Karmelitin Edith Stein
1959	Städtepartnerschaft mit Chartres
1961	Feierliches Domjubiläum nach gründlicher Restaurierung
	Errichtung der Edith-Stein-Realschule
1970	Gründung des SIL (Staatliches Institut für Lehrerfort- und -weiterbildung)
1981	Dom zu Speyer wird Weltkulturerbe
1987	Besuch des Papstes Johannes Paul II. in Speyer
1989	Städtepartnerschaften mit Kursk und Ravenna
1990	Feier des 2000jährigen Stadtjubiläums; Speyer hat rund 47 500 Einwohner
1992	Städtepartnerschaft mit Gnesen
1997	Abzug der seit dem Ende des Zweiten Weltkrieges in Speyer stationierten französischen Truppen
1998	Städtepartnerschaft mit Yavne
2000	Ökumenisches »Christfest 2000«
2001	Partnerschaft zu Karengera/Ruanda. Eröffnung des Kulturhofs Flachsgasse
2006	Rheinland-Pfalz-Tag (nach 1990 um zweiten Mal in Speyer)

Literaturauswahl

Christophorus LEHMANN: Chronica der Freyen Reichs Statt Speyr, darinn von dreyerley fürnemblich gehandelt ..., Franckfurt a. M. 1612; 2. Aufl. 1662; 3. Aufl., vermehrt durch Joh. Melchior FUCHS 1698; 4. Aufl. 1711.

Carl WEISS: Geschichte der Stadt Speyer, Speyer 1876.

Bayerische Städtebilder: Speyer am Rhein. In: Das Bayerland. Illustrierte Halbmonatsschrift für Bayerns Land und Volk, hrsg. von Fridolin SOLLEDER, 36. Jahrgang Nr. 9: 1. Mai - Heft 1925.

Karl Theodor HANE: Literarische Kulturleistungen im mittelalterlichen Speyer 1933.

Die Kunstdenkmäler der Pfalz. III. Stadt und Bezirksamt Speyer, bearb. von Bernhard Hermann RÖTTGER (Die Kunstdenkmäler von Bayern, hrsg. vom Landesamt für Denkmalpflege. Regierungsbezirk Pfalz III), München 1934 (Die wichtigste ältere Literatur S. 1-28).

Berthold ROLAND: Speyer - Bilder aus der Vergangenheit. Impressionen und Profile, Bad Honnef 1961.

Handel und Wandel in einer alten Stadt. Ein Streifzug durch 1500 Jahre Speyerer Wirtschaftsgeschichte, hrsg. von der Speyerer Volksbank aus Anlaß ihres 100jährigen Bestehens 1864-1964, Text und Bildauswahl L. A. Doll, Speyer 1964.

Wolfgang HARTWICH: Bevölkerungsstruktur und Wiederbesiedlung Speyers nach der Zerstörung von 1689 (Heidelberger Veröffentlichungen zur Landesgeschichte und Landeskunde 10), Heidelberg 1965

Erich MASCHKE: Die Stellung der Reichsstadt Speyer in der mittelalterlichen Wirtschaft Deutschlands, in: Vierteljahrsschrift für Sozial- und Wirtschaftsgeschichte 54 (1967), S. 435-455.

Der Dom zu Speyer, bearb. von H. E. KUBACH und Walter HAAS (Die Kunstdenkmäler von Rheinland-Pfalz, Bd. 5), 3 Bde., München 1972 (Die wichtigste Literatur im Textband, S. 3-7).

Hans Erich KUBACH: Der Dom zu Speyer, 2. Aufl. Darmstadt 1976.

Anton DOLL / Alf RAPP: Speyer. Bild einer Stadt, 2. Aufl. Speyer 1980.

Geschichte der Juden in Speyer (Beiträge zur Speyerer Stadtgeschichte Heft 6), Speyer 1981.

Clemens JÖCKLE: Kreishauptstadt Speyer – Bauten aus bayerischer Vergangenheit, Speyer 1984.

Denkmaltopographie Bundesrepublik Deutschland: Kulturdenkmäler in Rheinland-Pfalz, Bd. 1: Stadt Speyer, bearb. von Herbert DELLWING, hrsg. im Auftrag des Kultusministeriums vom Landesamt für Denkmalpflege, Düsseldorf 1985.

Clemens JÖCKLE: Speyerer Künstler der Vergangenheit, Speyer 1986.

Fritz KLOTZ: Speyer. Kleine Stadtgeschichte (Beiträge zur Speyerer Stadtgeschichte, Heft 2), 4. Aufl. Speyer 1988.

Günther STEIN: Stadt am Strom. Speyer und der Rhein, Speyer 1989.

Wolfgang EGER (Redaktion): Geschichte der Stadt Speyer, hrsg. von der Stadt Speyer, 2. Aufl. Bd. 1 und 2 Stuttgart 1983, Bd. 3 Stuttgart 1989.

»Es ist Speier ein alte Stat.« Ansichten aus vier Jahrhunderten 1492-1880. Ausgewählt und beschrieben von L. Anton DOLL, mit einem Katalog, Register und Künstlerverzeichnis bearb. von L. Anton DOLL und Günter STEIN, Speyer 1991.

Karl Rudolf MÜLLER: Die Mauern der Freien Reichsstadt Speyer als Rahmen der Stadtgeschichte (Beiträge zur Speyerer Stadtgeschichte, Heft 8), Speyer 1994.

Ferdinand SCHLICKEL: Speyer. Von den Saliern bis heute. 1000 Jahre Stadtgeschichte, Speyer 2000.

Die Juden von Speyer (Beiträge zur Speyerer Stadtgeschichte, Heft 9). hrsg. vom Historischen Verein der Pfalz – Bezirksgruppe Speyer, Speyer 2004.

Bürgermeister der Stadt Speyer

Eine Auflistung der Speyerer Bürgermeister im Zeitraum von 1289 bis 1889 findet sich bei Wilhem HARSTER, Speierer Bürgermeisterliste 1289 bis 1889. In: Mitteilungen des Historischen Vereins der Pfalz 14 (1889), S. 59-80. Im Folgenden sollen nur die Speyerer Bürgermeister seit 1814 erwähnt werden. Ab 1923 trug das Speyerer Stadtoberhaupt den Titel »Oberbürgermeister«.

Franz Reichardt	1814
F. Claus	1814-1819
Georg Friedrich Hetzel	1819-1829
Friedrich August Heydenreich	1830-1832
Georg Friedrich Hetzel	1833-1838
Georg Friedrich Hilgard	1838-1843
Carl Philipp Claus	1843-1848
Georg Friedrich Kolb	1848-1849
Georg Friedrich Usslaub	1849-1850
Joh. Melchior Schultz	1850-1859
Georg Jakob Haid	1859-1868
Johann Conrad Eberhardt	1868-1874
Georg Friedrich Haid	1875-1884
Georg Peter Süß	1885-1894
Dr. med. Friedrich Weltz	1894-1897
Philipp Serr	1897-1904
Philipp Lichtenberger	1904-1912

Bürgermeister der Stadt Speyer

Dr. jur. Ernst Hertrich (erster Berufsbürgermeister)	1912-1916
Dr. jur. Otto Moericke	1917-1919
Karl Leiling	1919-1943
Rudolf Trampler (NS-Gau-Propagandaleiter)	1943-1945
Karl Leiling	1945-1946
Hans Hettinger	1946
Paul Schäfer	1946-1949
Dr. rer. pol. Paulus Skopp	1949-1969
Dr. jur. Christian Roßkopf	1969-1994
Werner Schineller	seit 1995

Abbildungsnachweis

Bistumsarchiv: S. 41, 49, 74/75, 92, 99, 100, 117, 122, 124, 125, 160
Hermann Klein: S. 120/121
Historisches Museum der Pfalz: S. 14, 15, 42, 104/105, 107, 109, 110
Landesarchiv Baden-Württemberg/Generallandesarchiv Karlsruhe: S. 59
Pfälzische Landesbibliothek: S. 78/79
Stadtarchiv Speyer: S. 35, 36, 44, 47, 51, 120/121, 129, 131, 134, 136, 137, 138, 139, 141, 142/143, 146, 149, 152/153, 154
Willi Fix: S. 168
Touristinformation Speyer (Fotograf: Karl Hofmann): S. 172/173

In einigen Fällen konnte der Rechteinhaber nicht ermittelt werden. Hier ist der Verlag bereit, nach Anforderung rechtmäßige Ansprüche abzugelten.

REGIONALGESCHICHTE

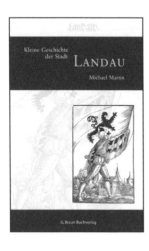

Kleine Geschichte der Stadt Landau
von Michael Martin
208 Seiten, 43 Abbildungen
Format 12,5 x 19 cm, gebunden
ISBN 978-3-7650-8340-2

„Es ist eine Freude, dieses Buch zu lesen: Kompetent ... und gleichzeitig spannend , voller Geschichten." (Die Rheinpfalz)

Kleine Geschichte der Stadt Kaiserslautern
von Jürgen Keddigkeit
208 Seiten, 41 Abbildungen, 6 Karten
Format 12,5 x 19 cm, gebunden
ISBN 978-3-7650-8355-6

„... ein äußerst lesenswertes Büchlein – nicht nur für Lauterer." (Die Rheinpfalz)

G. BRAUN BUCHVERLAG   www.gbraun-buchverlag.de

fundiert und kompakt

Kleine Geschichte des Landes Rheinland-Pfalz
von Michael Kißener
224 Seiten, 32 Abbildungen, 5 Tabellen,
6 Karten
Format 12,5 x 19 cm,
gebunden
ISBN 978-3-7650-8345-7

„... fundierter Einblick in die Geschichte von Rheinland-Pfalz..." (Monatshefte für evangelische Kirchengeschichte des Rheinlands)

„Seinem im Vorwort geäußerten Anspruch, „einen bilanzierenden Rückblick zu wagen", wird der Verfasser jederzeit gerecht ...." (Amtsblatt des Ministeriums für Bildung, Wissenschaft, Jugend und Kultur, Rheinland-Pfalz)

www.drw-verlag.de

BÜCHER ZUR PFALZ

Zwischen Wirtschaftswunder und Ölkrise.
Die Pfalz von 1960 bis 1975.
Eine Zeitreise in Bildern.
von Stefan Schaupp
168 Seiten, 156 s/w-Abbildungen, 1 Karte
Format 21 x 20 cm, gebunden
ISBN 978-3-7650-8366-2

„... Die Zeiten ändern sich ständig, und es ist interessant, mit diesem Buch dabei zuzuschauen." (Ludwigshafener Rundschau)

G. BRAUN BUCHVERLAG   www.gbraun-buchverlag.de

im G. Braun Buchverlag

**Pfalz und Frankreich–
Vom Krieg zum Frieden**
von Michael Martin
208 Seiten
39 s/w-Abbildungen
Format 15 x 21cm
gebunden
ISBN 978-3-7650-8378-5

„... Besonders interessant wird sein Buch durch die Berichte von Einzelschicksalen wie einem pfälzischen Feldherrn im Dienst der Hugenotten, von französischen Glaubensflüchtlingen, die in der Pfalz eine neue Heimat fanden, von Pfälzern, die in Napoleons Armeen durch ganz Europa marschierten oder in die französischen Kolonien auswanderten." (Wochen-Kurier)

www.gbraun-buchverlag.de   G. BRAUN BUCHVERLAG

Zu den Abbildungen auf den Buchinnenseiten

vorn

»Kölner Zeichnung« des Domes, 1606. - Zu sehen sind die alte Westseite des Doms (1755 abgerissen aufgrund seiner Baufälligkeit) und der alte Platz des Domnapfes; links die Jesuitenkirche mit Dachreiter, das große Westfenster trägt eine Uhr, darüber (sehr klein) die Wachstube der städtischen Wächter, hinter der Zinnenmauer rechts der Kreuzgang.

hinten

»Vorderseite des Doms zu Speier«, Lithographie von Charles Fichot, 1844. - Zu sehen sind das barocke Westwerk des Domes und links die zu einem Reitstall umgebaute Jesuitenkirche.